大和証券グループ本社
花岡幸子 著

matsu（マツモトナオコ）イラスト

13歳からの

新版

経済のしくみ・ことば図鑑

WAVE出版

第1章 経済のしくみ

第2章 ミクロ経済学　家計や企業の経済を考える

第3章　マクロ経済学 地域や国の経済を考える

● 国の経済　80

● 景気　87

● 家計関連　93

● 金融　95

● 通貨　101

第4章 国際経済学

● 外国為替　138

● 貿易　152

第5章 経済の歴史

第1章

経済のしくみ

お金

　お金は、健康と同じくらい大切だ。ないと生活に困ってしまうよね。生きていくうえで、とっても大切なお金って、そもそもなんだろう？

　みんなはお金をどういうときに使っている？　そう、モノやサービスを買うときだね。なにかほしいモノがあるとき、そのモノと同じ価値のあるお金と交換して、手に入れる。お金は「交換するための道具」なんだ。

ずっとずっと昔、世の中にお金はなかった。人間は物々交換をして、ほしいものを手に入れていた。

　狩りがうまい人は、たくさん動物を狩って肉をとる。魚つりがじょうずな人はたくさん魚をとる。狩りがじょうずな人が、魚を食べたいと思ったら、自分がとった肉を、魚つりがじょうずな人のところに持っていって、肉と魚を交換してほしいともちかけていたんだね。でも、肉1キロを魚2匹と交換していいのだろうか？　魚でも、アジ1匹とヒラメ1匹を同じ1匹としていいのだろうか？　むずかしい問題だ。

2匹と1匹を交換しちゃっていいのかな？

　それに、肉や魚なんて、すぐに腐ってしまうから、必要なときに、服と交換したいと思っても、とっておくこともできない。

そこで、貝がらみたいに、なかなか腐らなくて、持ち運びも便利なモノに、いったん交換するという方法が広がっていった。これが「お金」のもと。そして、その中でも、金属（金や銀や銅）がたくさん使われるようになっていった。金属なら、とかして、形や大きさ、分量も変えられるから、便利だったんだ。そうして、日本では700年ごろ、銀や銅からつくられたコインみたいなお金が使われるようになっていった。その後、金属と交換できる証書として、紙幣が生まれたんだ。

貝がらと食べ物を交換

お金のべつの呼び方

貨幣……お金ぜんぱんのこと。通貨と同じ意味で使われるが、硬貨を指すこともある。

通貨……紙幣と硬貨を合わせた現金通貨と預金通貨のこと。

紙幣……中央銀行（くわしくは106ページ）が発行するお札のこと。

硬貨……政府が発行するコインのこと。

でも、1000円札なんて、うすっぺらい紙1枚だ。なのに、1000円あれば、コミック2冊くらいと交換できるね。紙の分量だけでいったら、コミック2冊分のほうが1000円札1枚より何百倍も多いのに。

　1000円札が1000円のモノやサービスと交換できる価値があるのは、日本という信用のある国が発行しているお金だから。みんな、1000円札には1000円の価値があると思っているからだ。

　お金に価値があるのは当たり前のように思えるけれど、アフリカのジンバブエという国では、お金の信用がなくなったために、価値がとても低くなってしまったことがあった。それまで1ジンバブエドルだったパン1つが、2009年には3000億ジンバブエドルになったんだ。そして、2015年にはとうとうジンバブエドルはなくなってしまったよ。このように、お金に対する信頼がなくなるようなインフレーション（116ページを見てね）を、ハイパーインフレーションというんだ。

経済

経済

「お金」と「モノ」、「サービス」の流れのことを経済という。わたしたちは、働いてお金をかせぐ。そのお金を、ほしいモノ（形があるもの）やサービス（形がないもの）に交換しているよね。この流れが、経済なんだ。

「経済」のところで、わたしたちは、働いてお金をかせぎ、そのお金を、ほしいモノ（形があるもの）やサービス（形がないもの）に交換しているという話をしたね。

　でも、だれもがみんな、ほしいと思ったモノやサービスを好きなだけ手に入れることはむずかしい。

ほしい人はたくさんいるけれど……

だから、みんなの「ほしい」という気持ちをどうやって満たしていくのかを考える学問がある。それが経済学なんだ。経済はわたしたちの人生や生活と切っても切りはなせないものなので、経済学を学ぶということは世の中を理解するということにつながるんだよ。

みんなの「ほしい」という気持ちと、モノやサービスが
つくられる量のバランスを考える

ミクロ経済学

　「ミクロ」は「とても小さい」という意味だ。ミクロ経済学というのは、経済学の中でも、家計や会社・企業のような小さな単位の経済について考える学問のこと。森の木を1本1本細いところまで観察するような学問だ。

　家計や企業などの行動を分析することによって、価格をどのように決めるか、利益をどう分けるか、どんなふうに意思決定するかなどを考えたり研究したりするよ。

マクロ経済学

「マクロ」は「とても大きい」という意味だ。マクロ経済学というのは国や地域全体という大きな視点から経済を考える学問のこと。大きな森全体を観察するような学問だ。国や地域全体の消費やモノの値段の流れを見たり、政府の役割はなにか、経済の動きはどうなっているかということなどを考えるよ。

希少性

　人々がほしいと思ったモノがじゅうぶんにない状態のこと。たとえば、世界中の人がダイヤモンドをほしいと思っても、全員が買えるほど、ダイヤモンドはとれない。だから、限られたモノであるダイヤモンドは「希少性がある」といえるんだ。

ダイヤモンド鉱山

逆に、希少性がないモノって、どんなものだろう？　日本人だったら、水が飲みたいと思えば、蛇口をひねればすぐに飲めるね。だから、水は希少性がない。

　でも、アフリカの砂漠では？　水はなかなか手に入らないよね。だから、希少性は高いといえる。

日本

希少性はない

ゴク　ゴク

水がのみたい…

アフリカ
の砂漠

希少性が高い

　希少性は、場所や季節、そのときどきによって変化するものなんだ。

効用

　希少性があるモノやサービスには価値がありそうだね。でも、ほんとうは、希少性があるだけではだめで、同時に「効用」がないと価値があるとはいえない。「効用」っていうのは、それを買った人が満足できるっていうこと。

　たとえば、水は生きていくために必要だから、世界中の人全員に効用があるといえる。

南極でも

ジャングルでも

宇宙でも

砂漠でも

水は生きていくためにかかせない＝誰にでも効用がある

でも、サッカーワールドカップのチケットはどうだろう？ サッカーが好きな人にはものすごい効用がある（チケットが手に入ったら、とっても嬉しいよね？）だろうけど、サッカーに興味がなければ、チケットが手に入ったからといって、満足は感じない。つまり効用はないっていうこと。ワールドカップのチケットは希少性が高いものだけれど、サッカー好きじゃない人にとっては、いくら希少性が高くても効用はない。効用があったうえで、希少性があるとき、価値は高くなるんだ。

効用はない

女子きじゃないから、いらないね

スケートのチケットならね…

ほしい？

いくらでも出すよ！

効用がある

財・サービス

　人が、お金を払っても手に入れたいと思うモノのこと。形があるモノは「財」、形のないモノは「サービス」というよ。通常、モノというと「財」をさすんだ。

　たとえば、財（モノ）は大きく4つのグループに分けられる。

個人が自分で使うモノ

本　　　　　　　洋服　　　　歯ブラシ

ほかのモノをつくったり、サービスを生みだすために使うモノ

ビルを建設するクレーン　授業などで使うマイク

耐久財

長いあいだ使えるモノ

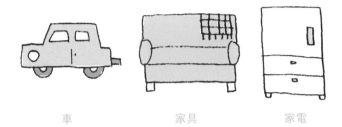

車　　　　　　　　家具　　　　　　　家電

非耐久財

1回使うごとになくなってしまうモノ

食べ物

トイレットペーパーなど

サービス

サービスにはほんとうにたくさんの種類があるよ。

病院の治療

遊園地

映画

ホテル

配達

ラジオ放送

美容院

ゲームセンター

など

「富」

「富」ときいたら、みんなは大金や金、銀、宝石やすごいお
屋敷なんかを想像するかもしれないね。でも、経済で使う「富」
というのは、効用があって、人から人へうけわたすことがで
きる財の蓄積のことなんだ。

富
いろいろ

家

家具

家電

洋服・本

工場

石油・石炭

ビル

店

生産要素

財やサービスを生みだすのに必要な資源のこと。
大きく4つのグループに分けられる。

土地

人間の力では生みだせない、土地をはじめとする天然資源。

資本

財やサービスを生みだすのに使う工場や機械。

労働力

働く能力と技術を持った人。

起業家

新しい事業を立ちあげて商品を市場に送りだしたり、新しい
財やサービスをつくりだしたりする人。

経済主体

　経済活動をになう単位——人や会社、組織などのこと。経済主体はおもに家計・企業・政府の3つのグループに分けられる。

〔経済循環〕

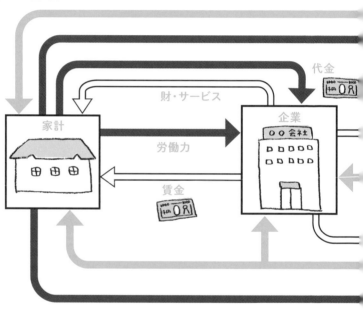

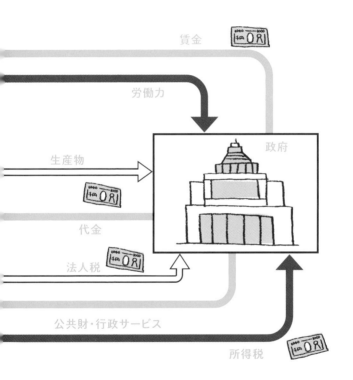

賃金

労働力

生産物

政府

代金

法人税

公共財・行政サービス

所得税

　財やサービス、お金はこの3つのグループのあいだをまわっているよ。これを「経済循環」といい、それによって、経済がなりたっているんだ。

家計

　前のページで説明したように、経済は3つの経済主体から
なりたっている——そう、家計、企業、政府の3つだね。そ
の中でも、家計は重要な経済主体なんだ。

　家計というのは、1つの家やアパートに住み、生計をとも
にしている人たちでなりたっている。消費活動をするときの
基本的な単位ともいわれるよ（家計については93ページで
くわしく説明しているよ）。

企業（会社）

　利益をあげてお金をもうけるために、財をつくって売ったり、サービスを売ったりする経済主体のこと。企業と会社はほぼ同じ意味だけれど、会社はとくに「法にもとづいて認められた組織」のことをいうよ。会社のほとんどは「株式会社」だ（株式会社のことは40ページにくわしくのっている）。

財をつくって売ったり

サービスを売る

　「生産要素」のところで説明したように、企業は、土地や資本、労働力といった生産要素を使って、財やサービスをつくりだし、それを売ることによって、お金をもうけるんだ。

市場

市場

　買い手と売り手が財・サービスを交換することができる場所やしくみのこと。

　読み方は「いちば」と「しじょう」2通りあって、「いちば」とよぶ場合は、財が売り買いされる特定の場所という意味で使われることが多い。

いちば

「しじょう」という場合は、財・サービスが取引されるシステムのことをさす。

しじょう

価値

市場で決まる財やサービスの値打ちのこと。お金の形であらわされる。

価格

値段。財やサービスの価値をお金であらわしたもの。価格は市場を通じて、需要と供給のバランスしたところで決まる。

トマト1個＝100円だったら
誰でも売ったり買ったりできる

〈価格には買い手と売り手を結びつける役割がある〉

トマトが不作で供給が減少すると——
価格が上がる(100円→300円)ことによって、
需要もへり、需要と供給が調整される

〈価格には需要と供給*を調整する役割がある〉

*需要……財やサービスを買おうとし、その代金を持ってい
　　　　る人たちがいること
　供給……財やサービスを市場で売りに出している人たちが
　　　　いること
　　　　(くわしくは、48ページを見よう)

自由市場経済

　人々や企業が買いたい、売りたいと思った財やサービスを自由に取引できる市場のこと。

　自由市場経済では、政府や権力が介入することなく、需要と供給のバランスしたところで価格が決まるよ。

自由市場経済では、売り手である企業がライバル企業より
たくさんの財やサービスを売ろうとする。つまり、企業同士
の競争がおこるよね。

　結果、競争に勝った企業（売り手）はたくさんもうかるし、
消費者（買い手）は安い商品やサービスを購入できるだけで
なく、質もよくなっていくので、とても効率のよい制度だと
いわれているよ。
　もしも、政府が介入し、生産量や価格を決めたとしたら、
どうなるだろう？　政府に生産量を決められてしまうので、
企業はがんばって生産量をふやそうとはしなくなるよね。価
格が政府によって決められてしまう場合も同じ。企業は質が
よくても悪くても、決められた価格で売れるから、安くて質
のいい商品をつくって売ろうという気持ちがなくなる。昔、
ソ連などの社会主義国でおこなわれていた計画経済がそのよ
い例だ。

株式会社

　株式を発行して、会社に必要な資金を集める会社のことを「株式会社」という。

　会社の事業をするためにはたくさんのお金が必要だよね。それを、少しずつ、たくさんの人から集めるためのしくみなんだ。

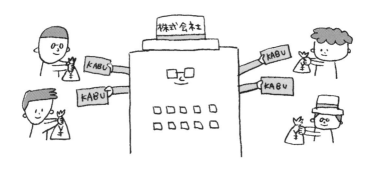

株式

　テレビのニュースや新聞でよく見ることばだね。「株式」というのは、会社の所有権をあらわしているんだ。株式は、それを持っている人が、「その会社の一部を持っている」ことを証明してくれる証書なんだよ。

株式を買った人は「株主」とよばれて、会社の所有者の1人になる。そして、会社に利益が出れば、どのくらい株式を持っているかにしたがって、お金（配当金）がもらえるよ。株式は持ち分に応じた会社の所有権をあらわすんだ。

　会社の多くは株式会社の形をとっているよ。株式会社にすると、いい点がいろいろあるんだ。
　株式会社にするといい点って、どんなことだろう？　次のページで説明しよう。

株式会社にするといいこと

①株式を発行することにより、
スムーズにお金を集めることができる
⇒借入金のように返済の必要がない

②株主は、プロの経営者に
経営をまかせることができる

③株主は、会社の負債には
責任をおわない
⇒会社が破たんしても、
株式に投資した資金が
最大の損失額

借金100億円

④株主が変わっても、会社は
続けることができる

⑤株主でいたくなければ、
株式を売却するだけでいい

株式市場

　株式市場というのは、企業が株式を発行したりする発行市場と、株式を売ったり買ったりする流通市場の2つを意味しているんだ。

　発行市場は、企業がお金を集めるために株式を発行し、投資家がお金を提供する市場のこと。企業と投資家が直接やりとりするか、証券会社等が仲介したりするよ。

　こうして発行された株式や、すでに発行されている株式を、そのときどきの価格で売ったり買ったりする市場のことを流通市場という。発行市場と違って、流通市場は証券取引所（次のページを見よう）のように具体的な市場が存在するんだ。投資家同士の売買の仲介は証券会社がするよ。

　一般的に、株式市場というと、流通市場をイメージすることが多いようだね。

発行市場　　　　　　　　　　流通市場

証券取引所

証券取引所は、大量の株式などを売ったり買ったりする市場のこと。多くの株式が売買されていると、買い手がいないから売れないとか、売り手がいないから買えないとかいうことが少なくなるよね。また、売ったり買ったりする注文が多いと、みんなが納得できる価格（株価）がつくよね（これを公正な価格形成というよ）。

日本で、株式の売買をおこなう市場を持つ証券取引所は、東京・名古屋・福岡・札幌の4ヵ所にあるよ。

ただ、証券取引所ではすべての株式を売買できるわけではなくて、一定の基準を満たした会社の株式等に限られている。この基準を満たしている株式を発行している会社のことを上場企業というんだ。

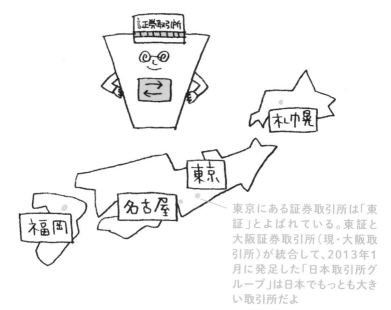

東京にある証券取引所は「東証」とよばれている。東証と大阪証券取引所（現・大阪取引所）が統合して、2013年1月に発足した「日本取引所グループ」は日本でもっとも大きい取引所だよ

アメリカの取引所であるニューヨーク証券取引所は、テレビなどでもよく見ることがあるだろう？　ニューヨーク証券取引所は世界最大の証券取引所であり、ここの株価の動きが世界の株式市場を左右するともいえるので、世界中が注目する取引所なんだ。

　ニューヨーク証券取引所は、ニューヨークのウォール街にある。ここには、ほかにもアメリカの証券会社や大手銀行などがたくさんあることから、「ウォール街」というと、ニューヨーク証券取引所やアメリカの金融業界全般をあらわすことばにもなっているよ。

　そんなアメリカの株式市場を代表する指標が「ニューヨークダウ」なんだ。「ダウ平均」「ダウ工業株30種平均」ともよばれ、世界的なビジネス紙である「ウォールストリート・ジャーナル」の発行元、ダウ・ジョーンズ社が算出している。世界の株式市場を代表する株価指数ともいえるよ。

第 2 章

ミクロ経済学

家計や企業の経済を考える

需要と供給

供給

市場で売りに出されている財やサービスのこと。あるいは、財やサービスを市場で売りに出している人がいること。

洋服

車

美容院でのカット

など

需要

財やサービスを買いたいと思っている人がいて、その代金を払おうとする気持ちとお金があること（買いたいと思っているだけじゃだめっていうこと！）。たとえば、あるマンガを買いたいと思っていて、その代金の500円を持っている人がいるとき、そのマンガに対する需要があるという。

マンガがほしい！と思っていても……

お金はあるけど……

というときは、マンガに対する「需要がある」とはいわない
んだ。

需要と供給

　価格のところで説明したように、財やサービスの価格は、財やサービスがどれくらいあるか（供給）と、買おうとする人たちがどれくらいいるか（需要）のバランスで決まる。「トマトやトウモロコシなどの価格はどうして夏に安くなるか」「絵画の値段はなぜ画家が亡くなったあとに高くなるのか」といった疑問も、この需要と供給のバランスで説明できるんだ。

　価格はどのようにして決まるかを、おさらいしてみよう。

　ある財を買おうとしたとき、買い手は少しでも安い価格で買いたい。

安いリンゴを
選ぼうとする

　ある財を売ろうとしたとき、売り手は少しでも高い価格で売りたい。

高く
売ろうとする

価格は「この価格だったら買おう」「この価格だったら売ろう」というように、買い手（需要側）と売り手（供給側）が歩みよったところ（需要曲線と供給曲線の交わるところ）で決まる。

〔需要曲線と供給曲線〕

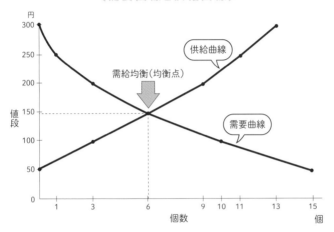

トマトやトウモロコシは、夏にたくさん収穫できるので、売りたいという人がふえる（供給がふえる）よね。また、画家が亡くなると、その画家はもう新しい絵を描けない（新たな供給がなくなる）。だから、需要と供給のバランスが変わって、その結果、価格が低くなったり、高くなったりするんだ。

完全競争市場

　たくさんの売り手と買い手がいて、競争が自由におこなわれている市場のこと。完全競争といえるには、次のような5つの条件を満たしている必要があるんだ。

① 　買い手と売り手が数多く存在し、ある特定の人が大きな力を持っている、ということがない。

② 　買い手や売り手が買おう、あるいは売ろうとしている財やサービスの質に違いはない。リンゴを例にとると、大きさやおいしさに違いはないということ。

③ 　買い手と売り手は、財やサービスとその価格について十分な情報を持っている。情報がないために、同じ商品なのに高い財やサービスを買ってしまうということはない。

冷蔵庫の場合

A店4万円　　B店5万円　　C店6万円

ほかの店でいくらかわからないしいいや

ほかの店でいくらかわからないしいいや

こんなことはおこらない！

④ 買い手はよい財やサービスを手に入れようと動き、売り手は自分の財やサービスを少しでも多く売りこもうと、それぞれ独立して行動する。身内だからとか、友だちだからとかといった個人的なつながりで動くことはない。

形がいいトマト
1コ80円

形が悪いトマト
1コ100円

こんなことはおこらない！

⑤ 誰でも市場に自由に入ってこられるし、かつ出ていくことができる。たとえば、自分で茶碗をたくさんつくって、食器のお店をひらいて売ろうとしたとしよう。そのとき、誰かにじゃまされたり、規制されたりすることなくできるということが、市場に自由に入れるということなんだ。

そして茶碗があまり売れなかったので、お店をたたむことにしたときも、誰かにじゃまされたりすることなく、やめられるというのが、市場から自由に出ていけるということなんだ。

お店をひらいたり、しめたりすることに規制はない！

不完全競争

　完全競争市場のところで5つの条件をあげたけれど、この5つが全部そろうことのほうがめずらしい。この5つのうち、どれかが欠けた状況のことを不完全競争という。不完全競争には独占、寡占、独占的競争の3つがあるよ。

独占

　1つの売り手（企業）が市場全体の動きを決めてしまう市場構造のこと。競争相手がいないので、独占企業はたくさん利益が出るように、価格や生産量を決めることができる。

地域独占
の例

かつての日本の電力業界
（＊2016年4月から新規参入が全面的に認められるように
なったので、今は独占ではない）

独占がおこると、企業は自社の都合で値上げをしたり、財やサービスの質をよくしようとしなかったりするケースもあるんだ。

　だから、日本には、「独占禁止法」（正式名称は「私的独占の禁止及び公正取引の確保に関する法律」）という法律があって、不公正な取引がおこなわれないように制限しているんだ。

＊「独占禁止法」は、ことばを短くして
　「独禁法」ともいうよ

寡占（かせん）

独占は1つの売り手（企業）が市場全体を決めている市場構造だったけれど、寡占は、少数の企業がその市場で大きな影響力を持つ構造のこと。企業数が少ないので、競争するのではなく、たがいに協力しあって、もうけをふやそうとしがちになるんだ。

寡占の例

○○町に建設会社は3社のみ。3社でシェア100%

だから独占ほどではないにしても、利益をふやそうとして、価格は高めに決められてしまうことが多いんだ。

完全競争の条件の1つである「財やサービスに違いはない」ということを満たさないケース。財やサービスを差別化することによって、企業が競争している場合をいうよ。

商品の差別化には2通りある。

① 実質的に質の異なる財で競争する場合。

スポーツ
ウェア会社
の場合

汗がすぐかわく
通気性がいい
着るとひんやりする

A社はほかの会社のウエアとの違いを打ちだして競争している

② 質が異なっているようなイメージを買い手にあたえて、
　競争する場合。

　喫茶店を例に見てみよう。A店もB店も同じところから
コーヒー豆を買っているとする。コーヒーのおいしさは同じ
なのに、A店はいつも混んでいて、B店はすいている。なぜ
かというと、A店はお店が明るく、内装もきれい、注文する
とすぐにコーヒーが出てくるなどサービスもいい。だから、
同じコーヒーを出しているのに、A店のコーヒーはおいしい
と評判になり、B店のコーヒーはあまりおいしくないという
イメージができてしまったんだ。

　広告を出したり、デザインや商標を工夫したりして、イメー
ジをよくしようとするのも、こうした独占的競争といえるね。

広告　　　　　　　　　　　商標

特許　　　　　　　　　　デザイン

カルテル

　同じ業種の企業同士が、おたがいの利益を守るために、価格や生産量などについて、取り決めをすること（協定を結ぶこと）。

　カルテルは消費者の利益をそこなうから、独占禁止法（55ページでも出てきたね）によって禁止されているよ。

　このA社、B社、C社は価格を釣りあげるため、スマホを1台1万円以下では売らないと取り決めた。このように、利益を出すため、値段を下げないことを相談した場合は、カルテルになるよ。こんな取り決めをされたら、企業同士の競争がなくなって、スマホをほしい人たちは、高い価格で買わなきゃいけなくなるから、消費者は困るよね。

市場シェア

　特定の市場全体の中で、ある会社や商品、サービスの売上がどのくらいの割合を占めるのかをしめした数字のこと。市場占有率とも、単にシェアともいうよ。

　市場シェアが大きければ大きいほど、その会社が商品、サービスにあたえる影響力が大きいといえる。市場シェアが100%の企業だと競争相手がいないということなので、独占企業だね。

A社のシェアが4割
B社のシェアが2割
C社のシェアが2割
残りの2割を10社くらいが
占めているとしたら……

今年は1袋
100円にしよう

本当は120円に
したいけど、
A社より高くは
できないな…

ポテト
チップスの
市場の
場合

⇒A社には商品の値段を決める力がある
（こういう会社をプライスリーダーというよ）

060

資源配分

　財やサービスをつくりだすために必要な資源（土地や資本、労働力といった生産要素。28ページを見よう）は限られているよね。だから、何をどれだけ生産するために、その資源をどれだけ配分するかを決めることは、とても大きな問題だ。

　でも、資源配分の問題は、市場のメカニズムが解決してくれるんだよ。

資源は限られている！

市場メカニズム

　完全競争市場では、需要と供給のバランスで、財やサービスの価格が決まるという話はしたね。その価格にあわせて、財やサービスをどのくらい生産するか、どのくらい消費するかが自然と調整されていくんだ。

供給＜需要の場合

自転車を
買いたい人は
たくさんいるのに、
売っている自転車の
数が少ない

売り手
（供給）

買い手
（需要）

自転車の価格が
高くなる
（2万円→3万円）

買うのを
あきらめる人がふえる

会社はもっと
つくろうとする

高く売れるから
たくさんつくろう！

⇒買う人とつくる人のバランスがとれ、資源がうまく配分される

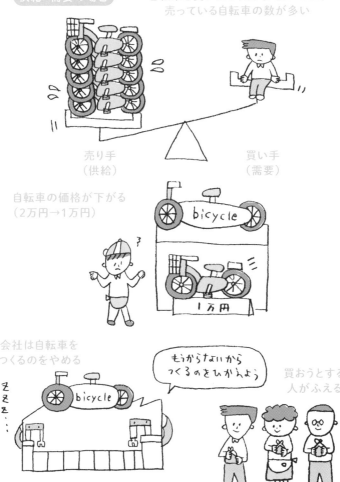

供給＞需要の場合

自転車を買いたい人が少ないのに、
売っている自転車の数が多い

売り手
(供給)

買い手
(需要)

自転車の価格が下がる
(2万円→1万円)

bicycle

1万円

会社は自転車を
つくるのをやめる

もうからないから
つくるのをひかえよう

買おうとする
人がふえる

bicycle

⇒買う人とつくる人のバランスがとれ、資源がうまく配分される

　こんなふうに、需要と供給のバランスで価格が決まって、
その価格にあわせて、財やサービスの生産量（供給）や消費
量（需要）が調整されていくしくみを市場メカニズムというよ。

市場の失敗

　財やサービスの市場において、需要と供給が等しくなるように価格が調整されるという市場の機能がうまく働かず、資源が効率的に配分されないことを「市場の失敗」というんだ。

公共財

　市場の失敗の1つ。

　たとえば、警察。警察は、わたしたちが安心して暮らすために、どうしても必要なサービスだ。お金を出した人が派出所をつくって警察官を雇ったとしよう。でも、派出所ができれば、その地域に住む、お金を出していない人たちも、警察のサービスをうけられてしまう。そうすると不公平だから、お金を出そうとする人がいなくなってしまうよね。市場にまかせておけないから、警察はみんなの税金でまかなわれているんだ。

税金でまかなわれている

公共財と対で使われるのが、「私的財」。私的財とは、公共財とは異なり、ある人が消費することで、ほかの人が消費できなくなったり、ほかの人の満足や価値がへってしまったりする財やサービスのこと。いいかえると、お金を払った人だけが手に入れることのできる財やサービスだ。

　たとえば、Ａさんがジュースを1本100円で買ったら、そのジュースはＡさんのものだよね。だから、ジュースは私的財といえる。

　でも、警察のサービスはどうだろう。Ｂさんが、1ヵ月1万円支払ったとしても、Ｂさんだけが警察のサービス（公共財）をうけるということはできないよね。

みんながサービスをうけている

企業

コスト（費用）

　企業が財をつくったり、サービスを提供したりするためにかかるお金や時間、人手などのことをいうよ。

総費用

　固定費と変動費をあわせたすべての費用のこと。

鉄をつくる会社の場合

| 人件費 | 設備などの
減価償却費 | 鉄鉱石などの
原材料費 |

固定費　　　＋　　　変動費

=　総費用

固定費

　つくる財や提供するサービスの量に関係なく、かかる費用。

　たとえば、文房具工場の場合。夏休みのあいだお客さんがへって、売上が減少するので、生産量をへらしたとしよう。生産量がへるから、工場で10人働いている人が6人で足りたとしても、4人の人をいきなり解雇したり、働いている人たちのお給料をへらしたりしないよね。だから、人件費は固定費。

⇒こんなことはできない

　お店を借りて、スーパーなどをひらいている場合の賃借料（家賃のようなもの）も固定費だよ。スーパーにお客さんがいっぱい来て売上がふえても、あるいは、近くに新しいスーパーができて、お客さんがへっても、毎月支払う賃借料は変わらないよね。

また、工場や会社の建物、機械、車の購入にかかわる費用（減価償却費というんだ）なども固定費だ。

たとえば、えんぴつをつくる会社が、機械を1000万円で買ったとしよう。この機械は10年くらい使えるとすると、1000万円を支払った年に全部費用として使ったとするのではなく、10年間分の費用と考えるんだ。

毎年同じ金額を費用にするというルールで費用を計算したとすると……

1000万円　÷　10年間　＝　100万円

が、毎年の費用となる。

でも、えんぴつは毎年同じ本数が売れるわけではないよね。たくさん売れる年もあれば、あまり売れない年もある。けれど、えんぴつの売れ行きに関係なく、機械を買った費用として、毎年100万円かかる。この100万円のことを減価償却費といい、固定費に分類されるんだ。

減価償却費

　固定費のところで少し説明したように、建物や機械など、企業が長い期間使うものは、その購入費用を買ったときに全額費用として計算するのではなく、使用する時間とともに価値がへっていく分を費用にすると考えるよ。

　だから、建物や機械などの費用を耐用年数（決められた期間）のあいだにわたって、費用として計上（全体の計算の中に組み入れること）していくんだ。

　毎年、同じ金額を費用にするというルールを採用したとすると、毎年同じ金額が費用となる。これを減価償却費というんだよ。

5億円かけて建設

耐用年数が50年。
毎年同じ金額を費用にするという
ルールだと、毎年の費用は……

5億円　÷　50年　＝　1000万円

変動費

　つくる財や提供するサービスの量によって変わる費用のこと。

　たとえば、ノートをつくっている会社の場合で見てみよう。この会社のノートの中で、キャラクターのノートがたくさん売れたとする。もっとつくるともっと売れるので、生産をふやすよね。そうすると、ノートの材料である紙をいっぱい買うことになる。つまり、ノートの生産量がふえると材料費である紙をたくさん買うので、紙の費用（材料費）は変動費なんだ。

生産量がふえると……

材料もふえる！

総収入

　売上のこと。財やサービス1単位あたりの価格に、売れた数をかけたもの全部を合計したもの。

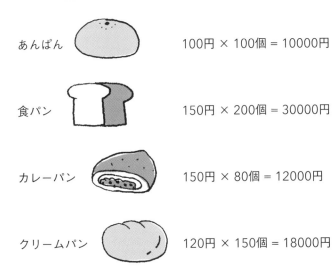

いろいろなパンを売っているパン屋さんの場合

あんぱん　　　　　　　100円 × 100個 = 10000円

食パン　　　　　　　　150円 × 200個 = 30000円

カレーパン　　　　　　150円 × 80個 = 12000円

クリームパン　　　　　120円 × 150個 = 18000円

総収入　　70000円

損益分岐点売上

　利益も出ないけれど損失も出ないというように、その企業にとって、採算にのるかどうかの売上のことを損益分岐点売上というよ。

　　売上　―　総費用（変動費＋固定費）　＝　利益

だったよね。

072

売上高　　　　―　　　　変動費
★

採算にのるかどうかのラインというのは、利益がゼロということなので、

　売上　―　総費用（変動費＋固定費）　＝　0

となる売上のことを損益分岐点売上というんだ。

　損益分岐点売上がじっさいの売上より低いということは、じっさいの売上が今の水準より落ちても、まだ利益が出せる体力があるということを意味している。だから、損益分岐点がじっさいの売上にくらべて低ければ低いほうが、体力のある企業ということがいえるよ。

　―　　　　　　　固定費　　　　　　　＝　0

　このときに販売したパンの売上高★が損益分岐点売上高だね。

黒字・赤字

　黒字は、支出より収入が多く、利益が出ている状態のこと。赤字は、収入より支出が多い状態のこと。

　お金の話をしていると、「赤字」とか「黒字」ということばをきくよね。「赤字」や「黒字」というのは、一般的によく使われるんだ。個人や企業だけでなく、国といった単位でも使われるよ。

個人

家計簿

企業

決算

国

財政（くわしくは122ページ）

貿易（くわしくは152ページ）

いろいろなところで赤字と黒字が出てくる！

ゲーム理論

　たとえば、トランプでババ抜きをするとき、みんな、誰が
ジョーカーを持っているかうかがうし、ジョーカーを持って
いる人はうまくジョーカーを持っていってもらおうと作戦を
ねるよね。人や企業はみんな、相手の手のうちをさぐりなが
ら、自分たちの利益を最大限にしようとして、それぞれ行動
し、おたがいの意思決定に影響をあたえあっている。このこ
とをゲーム理論という。

ジュースの
市場の場合

それぞれの企業がどういう売り方をするつもりか読みあいながら、
自分たちの製品の価格や生産する量を決める

囚人のジレンマ

　ゲーム理論の中でいちばん有名な例。

　協力関係がある企業同士でも、コミュニケーションがとれ
ない環境にいると、おたがいに望ましくない裏切り行為を選
んでしまうということ。

2人組の強盗AとBが
つかまって、
別々にとり調べられる
ことになった

別の部屋

A

B

おまえが自白し、相手がだまったままだったら、
おまえは釈放されるけれど、相手は懲役10年だ

　2人ともだまったままだと、それぞれ懲役1年。2人とも自白
した場合は懲役5年がかせられる。さあ、どうする？

	A黙秘	A自白
B黙秘	AもBも 懲役1年	Aは釈放 Bは懲役10年
B自白	Aは懲役10年 Bは釈放	AもBも懲役5年

　表を見ればわかるように、AとB両方の刑がいちばん軽く
すむのは、AもBもだまったままでいること。

けれど、たがいがどう行動するかわからないと、相手が裏切って自白するんじゃないかと疑い、2人とも自白してしまう。

A

B

自分だけの利益を考えていると、全体を見たときにもっともよい判断ができなくなってしまうんだね。

「囚人のジレンマ」は、自分の利益、つまり自分がよければいいという行動をとると、全体としてよい結果には必ずしもならないということなんだ。

第3章

マクロ経済学
地域や国の経済を考える

国の経済

GDP（国内総生産）

　一定の期間（だいたい1年のことが多い）に、その国で新たに生みだされた付加価値（くわしくは次のページ）の合計のこと。

　日本の場合だと、およそ600兆円だ。GDPは国の経済力をはかるものさしになる、国の通信簿みたいなものだよ。その国の国民や企業はもちろんのこと、その国に住んでいる外国籍の人やその国で活動している外国企業が生みだした価値も全部含まれるんだ。

GDPに入らないもの

GDPに入るのは「新しく生みだされた」付加価値に限る。

だから、こんなものは、GDPには入れられないんだ。

最終的に
消費される
財・サービス
（最終生産物）を
生産するために
使われた
財・サービス
（中間生産物）

中間生産物

最終生産物

でも、みんなが飲むために
生産される牛乳は最終生産物だから、
GDPに含まれるんだ

中古品

中古品の売買は「所有者の移転」
であって、新しく価値が生みだされた
わけではないんだ

古本

中古車

市場を
通さない
取引

家事など

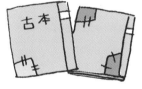

付加価値

　企業などが新たにつくった財やサービスの生産額から、それを生みだすために使われた原材料や中間生産物の額などを差し引いたものをいう。

　パンをつくる場合を例に見てみよう。

パン　　　　　　　　　　　　材料

　パンをつくるための原料である小麦粉やショートニング（油脂）のことを、中間生産物というんだ。たとえば、小麦粉は小麦から生産されたものだけれど、パンを生産するため

に使われるので、付加価値という意味では、パンの生産額の
中からはのぞかれるんだ。

パンの生産額 － 小麦粉やショートニング（油脂）の額 ＝ 付加価値

GNP（国民総生産）

　GDPは、ある国の中で生みだされた財やサービスの価値
（つくった人が外国人でもOK）だったのに対し、GNPは、
ある国の国民が新たに生みだした付加価値なんだ。
　つまり、その国の国民が外国でつくった付加価値も入れて
いいってこと。反対に、その国で暮らしている外国人が生み
だした付加価値は含まれないんだ。

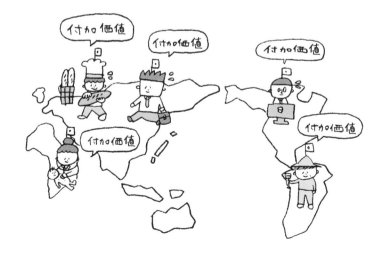

経済成長

　ある国で、財やサービスが生みだされるGDPが、時間とともにだんだんふえて成長していくこと。

去年

経済成長

今年

来年

経済成長率

　ある国で、一定の期間に、どのくらい経済成長があったか
をはかった割合のこと。たいてい、GDPがどれだけ伸びた
かで計算される。

去年　　　　　　　　　　　　　　　　GDP100億円

今年　　　　　　　　　　　　　　　　GDP110億円

去年から今年で、どのくらいGDPが伸びた＝経済が成長したか？
（今年110億円÷去年100億円−1）×100＝10%
⇒10%の成長

所得

　経済活動や生産活動にかかわった人が、その対価としてうけとる報酬のこと。

賃金　　　　　　　　　　地代

利子　　　　　　　　　　利潤

国民所得

　ある一定の期間（通常は1年間）に、その国の国民が得た所得の合計額のことをいうよ。国民総生産に補助金を加えて、そこから間接税と固定資産の消耗分（固定資本減耗という。69ページで出てきた減価償却費のことだよ）を引いたものなんだ。

> 国民所得＝国民総生産＋補助金－間接税－固定資本消耗

景気

景気

　財やサービスを売ったり、買ったり、取引したりする経済の活動全体の状況のこと。

景気がいいことを好景気というよ。

好景気だと……

消費や投資がふえるので、財やサービスがたくさん売れる

そうすると……

たくさんつくるぞ！

企業は生産をふやして売上をふやすため、
従業員をふやそうとする

⇒仕事がたくさんあるので、失業率は低い。

反対に、景気が悪いことを不景気というよ。

不景気だと……

消費や投資がへるので、財やサービスが売れなくなる

そうすると……

企業は生産をへらそうとして、従業員の給料を下げたり、
従業員の数をへらしたりしようとする

⇒仕事がへるので、失業率は上がる。

景気循環

　資本主義経済においては、景気はよくなったり、悪くなったりを交互にくりかえす。景気がそんなふうにめぐる動きを景気循環というよ。

① 　生産や消費などの経済活動が活発になることを景気拡大（回復、好況）というよ。

② 　生産や消費などの経済活動がにぶってくることを景気後退（後退、不況）というよ。

景気循環の中で、上昇から下降へ向かうときの転換点を「景気の山」、下降から上昇へ向かうときの転換点を「景気の谷」というよ。

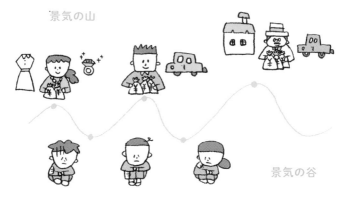

　景気はこんなふうに、波をつくりながら、よくなったり、悪くなったりしているんだ。

　循環の波の形はいくつか種類がある。代表的なものは、キチンの波、ジュグラーの波、クズネッツの波、コンドラチェフの波などだよ。これらが重なりあって、景気循環が形成されると考えられているんだ。

＊キチンの波…景気循環は企業の在庫の変動によって、40ヵ月程度の周期でおこるという考え方。

　ジュグラーの波…景気循環は企業の設備投資の変動によって、10年程度の周期でおこるという考え方。

　クズネッツの波…景気循環は建築物の建てかえによって、20年程度の周期でおこるという考え方。

　コンドラチェフの波…景気循環は技術革新によって、50年程度の周期でおこるという考え方。

失業率

　失業率ということばは、よくニュースなどできくよね。正確には、完全失業率といい、15歳以上で働こうと思っている人のうち、仕事がない人の割合を指すんだ。

　失業率が高いということは、働こうと思っているのに仕事がない人たちが多いという状態だから、景気は悪いといえるね。逆に、失業率が低いということは、景気がいいといえる。

　日本の完全失業率は2023年平均で2.6%。求人はあるけれど、勤め先が遠いなど条件がおりあわずにおこる「ミスマッチ失業率」はいつでも3%程度あるといわれている。だから、失業率が3%にもならない状態は、働こうと思ったら仕事を見つけることができる「完全雇用」状態といえるんだよ。

　失業率は、日本だけでなく、アメリカなどの各国でも、景気動向を見たり、金融政策を決めたりするうえでも、とても重要とされているデータなんだ。

仕事がない人

15歳以上で
働こうと思っている人

失業率が低い⇒景気がいい　　　失業率が高い⇒景気が悪い

有効求人倍率

失業率の裏返しともいえるもので、どれくらい人手不足かをしめす数字だよ。

全国のハローワーク（公共職業安定所）に申しこまれている求職者数（仕事をさがしている人の数）に対する求人数（企業などが雇いたいと思っている人の数）の割合なんだ。有効求人倍率が1倍をうわまわると。人手不足の状態を意味するよ。

2023年の有効求人倍率は1.31倍。新型コロナウイルスによる混乱（くわしくは192ページ）が落ち着いたことにより、雇用環境が回復し、2年連続の上昇となった。ただ、コロナ前の2019年、1.60倍の水準まではまだ戻っていないんだ。

求人数

求職者数

家計関連

32ページで説明したように、家計は、経済主体の1つで、国の経済を考えるうえでもとても重要な役割をはたしている。家計にかかわることばやしくみを、もっとくわしく見ていこう。

消費

よくきくことばだね。消費とは、毎日、みんながしていること。欲（〜がほしい、〜したいという気持ち）を満たすために、財やサービスを買ったり、使ったりすることだよ。

貯蓄

貯蓄っていうのは、文字どおり、貯めて、蓄えること。ある国の国民が得た所得のうち、財やサービスを消費して使わなかった分を貯蓄というよ。

エンゲル係数

　家計の消費の中で、食料を買うためにどれくらいお金を使っているかの割合をあらわしたものをエンゲル係数というよ。エンゲル係数はパーセントであらわされる。たとえば、20万円の所得があるおうちで、10万円、食費に使っていたら、その家のエンゲル係数は50％になる。

　所得水準が向上するにしたがって、食料費の構成比が小さくなるということをドイツの社会統計学者エンゲルが発見したんだ。

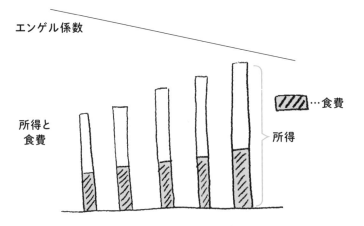

エンゲル係数

所得と食費

▨▨…食費

所得

　ちなみに日本のエンゲル係数は、2023年で29％と1980年以来で過去最高の水準となった。食料品は輸入比率が高いため、円安（150ページ）の影響による価格高騰が響いているんだ。

金融

　家計や企業、政府のあいだで、お金があまっている人がお金の足りない人に資金を融通しあうこと。その橋わたしをするのが、金融機関だ。

　金融機関には銀行、保険会社や証券会社などがあるよ。

銀行

　銀行は、おもに個人や会社からお金をあずかって、それを、お金が必要な人や会社に貸す仕事をしているよ。

　銀行のおもな仕事を見てみよう。

　1つめはお金を貸す側と借りる側の仲介をおこなっているんだ。具体的には、銀行にあずけいれられたお金である預金をお金が必要な人や企業などに貸しだすことをいうよ。

　2つめは銀行の口座などを使って、お金を送ったり、振り込んだりすること。これを決済というよ。

　3つめは、銀行が預金と貸しだしをくりかえすことで、預金という形でのお金をふやしていくこともしている。これを信用創造というよ。たとえば、銀行があずかったお金の一部をある会社に貸しだしたとしよう。その会社が銀行から借りたお金を銀行にあずける。そうすると、その預金の一部を今度は別の会社に貸しだす。そして、その会社が預金をして……という形でくりかえしていくことを、信用創造というよ。

仲介の
役割

お金をあずける　　　　　　　　　　　　お金を借りる

決済の役割

銀行の口座を使って、決済する

信用創造の役割

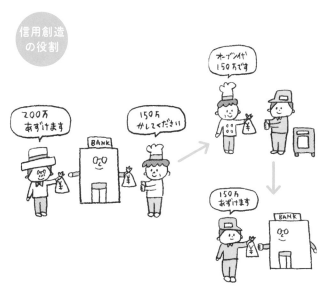

あずかった貯金の一部を貸しだし、
また預金をあずかり、その一部を貸しだし、
また預金をあずかる……とくりかえしてお金をふやしていく

● 振込

　支払う相手の銀行口座にお金を入れること。

　振込は、銀行の窓口やATM（現金自動預け払い機。銀行やコンビニエンスストアなどにある）、インターネットバンキングでもできる。

● インターネットバンキング

　自分の家のパソコンやスマートフォンを使ってインターネット上で銀行の口座から、お金を送ったり、支払ったりすること。わざわざ銀行にいかなくていいから、とても便利だよ。

● 自動引き落とし

　電話代や電気料金、給食費など、毎月支払いがある料金は、毎月決められた日に、銀行口座から自動的にお金が払われるように設定することができる。こうしておくと、払い忘れをふせげるよね。

● クレジットカード

　VISA（ビザ）、Master Card（マスターカード）、JCB、American

Express（アメックス）など、大人がクレジットカードを使って、支払いをしているのを見たことがあるだろう。お金を払わないですむなんて、魔法のカードみたいに思えるかもしれないね。でも、もちろん、お金を払っていないわけじゃない。

「クレジットカードのしくみ」

クレジットカード会社がたてかえて、お店にお金を払う（お店は手数料として、たとえば代金の2〜3%をクレジットカード会社に払う。これがクレジットカード会社のもうけ）
⇒クレジットカードで払ったお金は、ひと月ごとにまとめられて、決まった日に銀行口座から引き落とされる。

＊もしここで、銀行にお金がなくて、引き落としができなかったら、引き落としができるようになるまでのあいだ、高い利子をよぶんに払わないといけなくなる。そういうことが続くと、クレジットカードは使えなくなってしまうよ。

● 電子マネー（くわしくは103ページを見よう）

　データ化されたお金のこと。お金をデータにしてスマートフォンやカードなどにチャージしておき、そのデータをやりとりすることで支払いをする。有名なのは、SuicaやPASMO、Edy、nanaco、WAON、Paypay、楽天ペイなど。

＊このほかに、おもにインターネット上でやりとりされる暗号資産（くわしくは104ページ）や大きな金額の支払いに使われる手形や小切手などもある。

　銀行にお金をあずけるときは、自分の「口座をひらく」ことが必要だよ。口座というのは、お金をあずけている人それぞれのお金の出し入れを計算するしくみのこと。その人専用の窓口みたいなものだ。

　口座には、いくつか種類があるよ。

● 普通口座

　自由に現金の出し入れができる普通預金を管理する口座のこと。

● 総合口座

　普通預金と定期預金をいっしょに管理できる口座のこと。定期預金は、お金をあずけたら、一定の期間、引きだせないけれど、金利が高いメリットがあるよ。

● 当座口座

　手形や小切手の支払いに使われ、自分で会社やお店などをいとなんでいる人がよく使う口座。

● 利子・利息

　利子や利息とは、他人にお金を貸したり、借りたり、あずけたりする際に、その見返りとして、金額と期間に比例してもらったり、支払ったりするものなんだ。金融機関に預貯金としてお金をあずける場合や公社債へ投資する場合にはもらえるよ。金融機関からお金を借りる場合には支払うんだ。

通貨

通貨

　通貨は、お金ぜんぱんのこと。とくに、ある国だったり、ある地域で使われているお金のことをいうよ。

　通貨の単位は、いろいろあるんだ。日本は、1万円、5千円というように「円」が単位だよね。

　アメリカの通貨の単位といえば、ドル。イギリスの通貨は、ポンド。ユーロという通貨もある。ユーロは、ドイツやフランスなどのヨーロッパの国が集まって、同じ通貨を使おうと決めたときにできたものなんだ。

外貨

　自分の国以外で使われている通貨を外貨という。日本人にとっては、円以外の通貨（ドルとか、ポンドとかユーロとか、ウォンとか、元など）が、外貨だ。

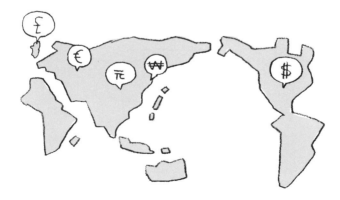

通貨の一覧表

国・地域	通貨	通貨コード
アメリカ	ドル	USD
カナダ	カナダドル	CAD
欧州連合	ユーロ	EUR
イギリス	ポンド	GBP
スイス	スイスフラン	CHF
スウェーデン	スウェーデンクローナ	SEK
ノルウェー	ノルウェークローネ	NOK
ロシア	ロシアルーブル	RUB
日本	円	JPY
中国	人民元	CNY
香港	香港ドル	HKD
韓国	韓国ウォン	KRW
台湾	台湾元	TWD
シンガポール	シンガポールドル	SGD
タイ	タイバーツ	THB
マレーシア	リンギット	MYR
フィリピン	フィリピンペソ	PHP
ベトナム	ドン	VND
インド	インドルピー	INR
トルコ	トルコリラ	TRY
オーストラリア	オーストラリアドル	AUD
ニュージーランド	ニュージーランドドル	NZD
ブラジル	レアル	BRL
メキシコ	メキシコペソ	MXN
南アフリカ	南アフリカランド	ZAR

電子マネー

　電子マネーとは、お金をそれと同じ価値のデータに交換し、ネットワークや専用端末などを使って、そのデータを変更することで、お金を前払い（チャージ）し、支払いにあてることができるようにしたシステムのこと。

　代表的な電子マネーであるSuicaやnanacoは、お金をカードに前払い（チャージ）するプリペイドカードなので、チャージしなければ支払いはできないんだ。一方、クレジットカードなどを利用した後払いのものも電子マネーに含めることがある。電子マネーはお金を決済する手段といえるね。

　円やドル、ユーロのような通貨は、国や中央銀行が管理して、その国の信用力がその通貨の価値となっているけれど、暗号資産は国や中央銀行が管理するものではなく、あくまでもインターネット上でやりとりされる財産なんだ。

　インターネット上に電子データとして存在し、移転ができる。だから、不特定の人たちに対して代金の支払いなどができて便利なんだ。通常は、銀行を使って振り込んだり、クレジットカードを使って支払ったりすることが多いよね（98ページ）。でも暗号資産は手数料が安いという魅力があって、円やドル、ユーロといった通貨とも交換することもできる。

　一般的に、暗号資産はブロックチェーンという技術によって管理されている。このブロックチェーンはデータを壊したり、書き換えたりといった不正を防止できる仕組みなんだ。

　ただ、暗号資産を利用する人たちの需要と供給（50ページ）の関係など、さまざまな理由で、その価格が動くことは知っておこう。価格が上昇してもうかることもあるが、価格が急落してしまうという危険もあるんだ。

ふつうの通貨に、円やドルやユーロのようにいろいろな種類があるのと同じで、暗号資産もさまざまで、1000種類近くあるといわれているんだ。有名なものだけあげてみると……

ビットコイン……サトシ・ナカモトという正体不明の人が考案して、2009年から使われはじめた。暗号資産では、もっともたくさん使われている。

　ビットコインのあとに生まれた暗号資産をまとめて、アルトコインというよ。

アルトコインいろいろ

イーサリアム……2013年ごろに生まれた。ビットコインの次に取引量が多い。

リップル……ビットコインの欠点をおぎなおうと開発された。リップルはしくみの名前で、そこで使われる暗号資産はXRP（またはリップルコイン）とよばれている。

中央銀行

中央銀行

　その国の通貨や金融をコントロールする中心的な役割をはたす機関。日本では日本銀行（日銀）のことだ。アメリカでは連邦準備理事会（FRB）というよ。

106

　中央銀行（日本銀行）の役割はおもに3つある。

①　お札（日本銀行券）を発行する

② 政府の銀行

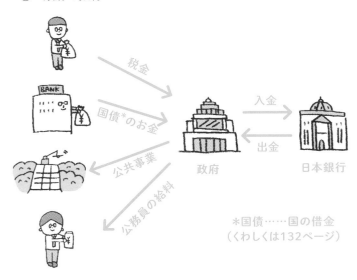

税金

国債*のお金

公共事業

公務員の給料

政府

入金

出金

日本銀行

*国債……国の借金
（くわしくは132ページ）

③ 銀行の銀行

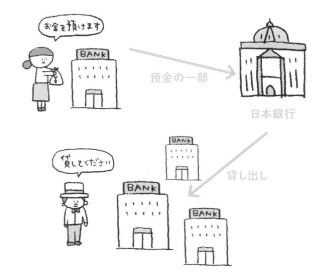

お金を預けます

BANK

預金の一部

日本銀行

貸してください

BANK

BANK

BANK

貸し出し

金融緩和

　中央銀行の金融政策の1つ。景気がよくないとき、中央銀行は景気をよくしようと「金融緩和」という金融政策をとる。

　金融緩和は、世の中に出まわるお金の量をふやすことで、景気をよくしようとするんだ。

　具体的には——

① 政策金利（中央銀行が貸し出す金利）を下げる。
　　すると……

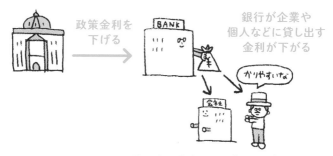

政策金利を下げる

銀行が企業や個人などに貸し出す金利が下がる

かりやすいな

世の中に出まわるお金の量がふえる

会社は機械を買ったり、新しい事業を始めたりしやすくなる
⇒設備投資がふえる

個人は家や自動車など大きな金額の買い物がしやすくなる
⇒消費がふえる

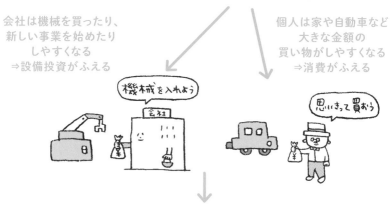

機械を入れよう

思いきって買おう

財やサービスが売れるようになり、景気がよくなる

② 国債などを買いとることにより、世の中に出まわるお金の量をふやす。

　これを「量的緩和」あるいは「QE（Quantitative Easing）」というよ。金利を下げつづけた結果、金利が0％にまで達し、これ以上引き下げることができなくなった場合に、この金融緩和策がとられるんだ。

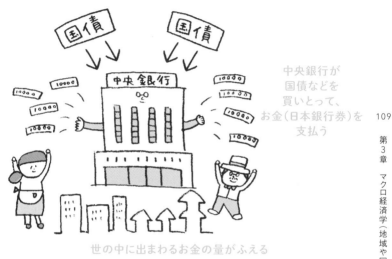

中央銀行が
国債などを
買いとって、
お金（日本銀行券）を
支払う

世の中に出まわるお金の量がふえる

企業や個人はいろいろな財やサービスを買おうとする

財やサービスが売れるようになり、景気がよくなる

金融引き締め

　中央銀行の金融政策の1つ。景気がよくなりすぎて、財やサービスの価格があがるインフレーション（インフレ。くわしくは116ページ）がひどいとき、世の中に出まわるお金の量をへらす「金融引き締め」という金融政策をとるんだ。「金融緩和」の逆だね。

　具体的には——
① 政策金利（中央銀行が貸し出す金利）を上げる。
　　すると……

政策金利を
上げる

銀行が企業や
個人などに
貸し出す金利が
上がる

利子が高い

世の中に出まわるお金の量がへる

会社は機械を買ったり、
新しい事業を始めたり
することをひかえる
ようになる
⇒設備投資がへる

個人は家や自動車など
大きな金額の
買い物をひかえるようになる
⇒消費がへる

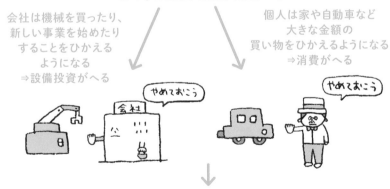

やめておこう

やめておこう

財やサービスが売れにくくなり、景気の過熱がおさえられ、
インフレがおさえられる

② 国債などを売却することにより、世の中に出まわるお金
の量をへらす。

中央銀行が
国債などを売却して、
お金（日本銀行券）を
うけとる

世の中に出まわるお金の量がへる

企業や個人は財やサービスを買うのを
ひかえるようになる

財やサービスが売れにくくなり、景気の過熱をおさえられ、
インフレがおさえられる

物価

物価

　物価というのは、財やサービスの価格のこと。通常は個々の財やサービスの価格ではなく、いろいろな財やサービスの価格を総合的にとらえたものを物価というよ。

価格 100円　　　　　価格 3000円　　　　　価格 100万円

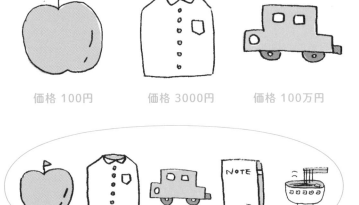

物価

いろいろな財やサービスの価格を総合的にとらえた全体の価格

　物価がどのように動いているのかを知るために、いろいろな財やサービスの価格が変わっていく様子を指数であらわしたもの。基準となる時点を100として数値であらわしたものを指数というよ。

去年の物価＝100　　　　　　今年の物価＝120
基準となる時点（基準年）

　この場合、今年の物価は120で、去年の物価100より「上がった」わけだ。もし今年の物価が90だったとしたら、去年の物価100より「下がった」ことになるよ。

消費者物価指数（CPI）

わたしたち消費者が、生活するために買う財やサービスの平均的な価格の動きを指数という数字であらわしたもの。物価の動きを知るうえで、いちばん重要な数字だよ。

① ここにA国があるとしよう。A国の人々は去年1年でいろいろな財やサービスを買った。

買った財やサービスは次の通り。

お米5万円　肉8万円　野菜8万円　飲料5万円

洋服10万円　靴5万円　新聞3万円　家賃30万円

交通費3万円　通信費8万円　光熱費15万円

去年　　　　　　　　　　　　　　合計　100万円

② A国の人々が今年も去年と同じ財・サービスを同じ量、
買ったら……

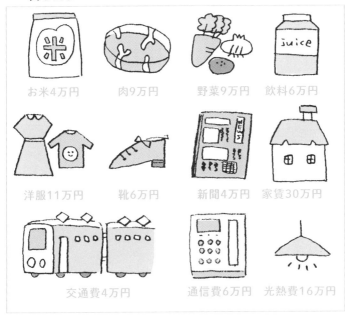

お米4万円　　肉9万円　　野菜9万円　飲料6万円

洋服11万円　　靴6万円　　新聞4万円　家賃30万円

交通費4万円　　　通信費6万円　光熱費16万円

今年　　　　　　　　　　　　合計　　105万円　だった。

　去年と比較した今年の消費者物価指数は？　また、その上昇
率は？

　　去年の消費額　100万円⇒100とする

　　今年の消費額　105万円⇒消費者物価指数は105となる

　　　⇒消費者物価上昇率は5％

　通信費やお米の価格は下がっていた。でも、消費者物価指
数では、1つ1つの財やサービスの価格ではなく、全体とし
ての物価の上がり下がりを見ることができる。

＊この消費者物価指数は、中央銀行の金融政策を左右する重
　要な数字でもあるんだ。

インフレーション（インフレ）

　物価が長いあいだ上がりつづけることをインフレという
よ。消費者物価指数（114ページ）などが上がっている状況
だね。

車を買う
場合

去年

1年後

今年

100万円

200万円

この1年で、車の値段が上がった
⇒100万円では車が買えなくなり、
　200万円必要になった

　これが車だけでなく、いろいろな財やサービスでおこるこ
とをインフレというんだ。インフレによる影響として、「お
金の価値が下がる」ことがあげられる。上の例だと、去年は
100万円で車が買えたのに、今年はお金の価値が下がって、
同じ100万円では買えなくなってしまったことを指すよ。

どうして インフレ が おこるの？

インフレの原因はだいたい３つに分けられる

① いろいろな分野の財
やサービスにおいて、
ほしいという人の数
（需要）が、企業が生
産したり提供したりで
きる量（供給）をうわ
まわる。

供給　＜　需要

財やサービスが足りなくなると、ほしいと思った人は価格
が高くても買おうとするので、価格が上がる。
⇒インフレがおこる。

② 賃金や材料費など、財やサービスをつくるためのコスト
が上がる。

賃金や材料費などのコストが上がった分を転嫁するため、
財やサービスの価格が上がる。
⇒インフレがおこる。

③ お金の供給量がふえて、出まわるお金の量がふえる。

結果、給料もふえて、人々は財やサービスをたくさん買う
（需要がふえる）ようになる。財やサービスがたくさん売
れることにより、価格が上がる。
⇒インフレがおこる。

デフレーション（デフレ）

　インフレの逆。物価が長いあいだ下がりつづけることをデフレというよ。消費者物価指数などが下落している状況だね。

Tシャツを買う場合

去年は3000円だったのに！

3000円

1000円

去年　　　　→　　　　今年

1年後

この1年で、Tシャツの値段が下がった
⇒3000円のTシャツが1000円で買えるようになった

　これがTシャツだけでなく、いろいろな財やサービスでおこることをデフレというんだ。デフレの影響として、「お金の価値が上がる」ことがあげられる。上の例だと、去年は1000円ではTシャツが買えなかったのに、今年は買えるようになったことを指すよ。

　モノが安くなるのはよいことのように思えるけれど……
　売るほうにとっては、Tシャツ1枚売ると3000円の売上となったのに、1年後には1枚売っても1000円しか売上が上がらなくなるというのは、もうからなくなるということなんだ。そうすると、企業はどうするだろう？

デフレになると、企業は……

従業員の賃金カット　　　　従業員をへらす

すると……

給料がへったり、失業したりすると、人々は財やサービスを
買おうとしなくなる。
⇒財やサービスが売れなくなって、価格が下がる。
⇒さらにデフレがおこる。

デフレスパイラル

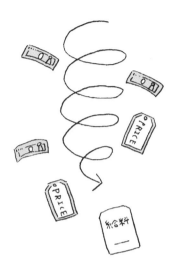

スパイラルっていうのは、「らせん」という意味。デフレーションがつづいて、物価も給料も、そして経済全体が、くるくるらせんを描いて落ちこんでいくことをデフレスパイラルというよ。

スタグフレーション

　景気が悪いとき・停滞しているときに物価が上がる現象のこと。景気停滞（スタグネーション）と物価上昇（インフレーション）をあわせたことばだよ。

　通常、景気がよくないときは需要もへるので、物価は下がる。でも景気が停滞して、給料が上がらないにもかかわらず、物価が上がってしまうというスタグフレーションがおこると、生活に大きな影響が出るんだ。日本ではオイルショック（くわしくは182ページ）のとき、景気が停滞していたのに、トイレットペーパーなどの値段が上がるというスタグフレーションになったよ。

財政

122

財政

わたしたちが安全で健康な生活を送るために、国や地方公共団体はさまざまなサービスを提供しているよ。そのために税金などでお金を集めて、必要なサービスに使っている。その活動を財政というんだ。

収入
（歳入）

国債
国債

支出
（歳出）

道路

学校

年金

財政赤字

　国や地方公共団体の1年間の支出（歳出）が収入（歳入）よりたくさんある状態のこと。日本は今、財政赤字の状態だ。税金で入ってくる収入よりたくさんお金を使っているから、足りない部分は「公債」（くわしくは132ページ）という借金をしなくちゃいけないんだよ。

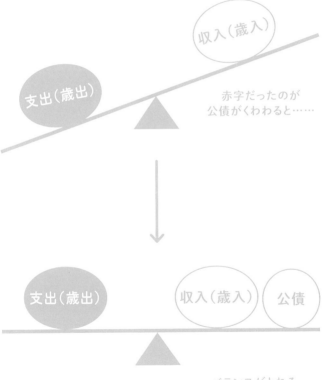

収入（歳入）

支出（歳出）

赤字だったのが
公債がくわわると……

支出（歳出）

収入（歳入）　公債

バランスがとれる

　政府が管理する歳入・歳出の計画のことを予算というよ。日本の場合は、4月から翌年3月までの1年間──いわゆる「年度」単位で予算を作成・管理しているんだ。

　国の予算はどうやって決まっているかというと……

8月末まで

各府省庁（国の仕事をする機関）で次の年度におこなう施策を決め、それに必要な金額を見積もった概算要求を財務省に提出

日本の場合、国の財政をつかさどっているのが、財務省。財務省は、財政を健全にしようとしたり、税金が公平に課されるようにしたり、外国為替が安定するようにしたりといったことをおこなう国の行政機関なんだ

9〜12月

各府省庁から提出された金額や内容をもとに、財務省が各省庁と調整、検討をおこなったうえで、税収の見通しや国債の発行計画などを含む政府全体の予算案を12月下旬までにまとめる

12月
財務省の案を財務大臣が内閣の会議（閣議）に提出し、決定

1～3月
政府が1月に召集される通常国会に予算案を提出し、話しあう

3月末まで　予算成立

4月～　新年度の予算執行

決まった！

歳出

国や地方公共団体の1年間の支出。日本の場合、歳出の約3分の1は社会保障費（医療費や年金など）だよ。

少子高齢化ということばをきいたことはあるかな？ これは、子どもの数がへって高齢者

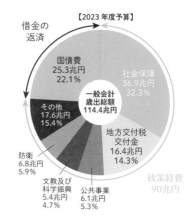

【2023年度予算】

借金の返済

国債費
25.3兆円
22.1%

社会保障
36.9兆円
32.3%

一般会計
歳出総額
114.4兆円

その他
17.6兆円
15.4%

地方交付税
交付金
16.4兆円
14.3%

防衛
6.8兆円
5.9%

文教及び
科学振興
5.4兆円
4.7%

公共事業
6.1兆円
5.3%

政策経費
90兆円

の人数がふえるということだよ。その結果、医療費や年金はどんどんふえていくことになる。一方、将来、働く人の数もへるから、税金で集まるお金はへっていく。

日本の国の財政は今すでに赤字だといったよね。税収など（税収69.4兆円＋その他収入9.3兆円＝78.8兆円）で政策経費（90兆円）をどれだけまかなえるかをしめす国の基礎的財政収支は10.8兆円の赤字なんだ。この先、財政をどうするか、わたしたちがちゃんと考えないといけないんだよ。

公共投資

　景気がよくないとき、国や地方公共団体は、道路工事をしたり、港や空港、下水道、公園などの整備をしたり、図書館・美術館・博物館・市民会館などをつくったりする。国がお金を使うことによって、いろいろな需要がふえるんだ。このように国や地方公共団体が投資をすることを公共投資というんだ。公共投資をふやして、景気をよくしようとすることを財政政策というよ。

歳入

国や地方公共団体の1年間の収入。日本の場合、歳入の約6割を税金（租税・印紙収入）が占めているんだ。国の税金には所得税、消費税、法人税といった種類があるよ。

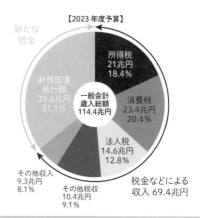

【2023年度予算】

新たな借金

一般会計
歳入総額
114.4兆円

新規国債
発行額
35.6兆円
31.1%

所得税
21兆円
18.4%

消費税
23.4兆円
20.4%

法人税
14.6兆円
12.8%

その他税収
10.4兆円
9.1%

その他収入
9.3兆円
8.1%

税金などによる
収入 69.4兆円

● 税金

わたしたちは日本という国に税金を払っている。税金の目的は、国民が安全で豊かな生活を送れるようにすること。そのために必要な活動や仕事に使われているんだ。

お菓子やマンガを買うと、代金といっしょに「消費税」を払うよね。だから、きみたちもりっぱな「納税者」なんだよ。

税金にはいろいろな種類がある。国の税金（国税という）の代表的なものをあげてみよう。

● 所得税

個人の所得に対してかかる税金のこと。日本では累進課税

制度がとられており、所得が多くなるほど所得に対する税金の割合が高くなっていく制度をとっているんだ。

● 累進課税制度

　所得が多くなるほど所得に対する税金の割合が高くなっていく制度。具体的にどういうものか見てみよう。

　たとえば、所得がいくらであっても同じ税率という税金のかけ方がある。所得の違う4人を例にとって見てみよう。

| 所得 | 100万円 | 200万円 | 500万円 | 1000万円 |

税率は全員5%とすると……

税金と、税金を差し引いた所得は

| 税金 | 5万円 | 10万円 | 25万円 | 50万円 |
| 税金を除いた所得 | 95万円 | 190万円 | 475万円 | 950万円 |

・累進税率がこのように決められていたら……

所得	100万円以下	5%
	100 〜 200万円	8%
	200 〜 500万円	10%
	500万円超え	15%

130

税金と、税金を差し引いた所得は

税金	5万円	16万円	50万円	150万円
税金を除いた 所得	95万円	184万円	450万円	850万円

　所得がふえると、税金の額もふえ、所得に占める税金の割合もふえる。この制度のおかげで、富が少数の人たちに集中するのを防いで、所得の差をならすことができるんだ。

● 法人税

　企業のような法人の所得に対してかかる税金。法人には企業とか病院などが含まれるよ。

● 消費税

　財やサービスを買うといった消費に対してかかってくる税金のこと。消費税を負担するのは消費者だよ。お店でなにかを買ったときなど、商品の値段に消費税をうわのせして払うよね。消費税は、わたしたち消費者が、お店経由で払っているといえる。

　消費税みたいに、税金を負担する人（消費者）と税金を納める人（お店など）が違うものを間接税という。

　これに対して、所得税みたいに税金を負担する人と税金を納める人が同じ場合は、直接税という。よくきくことばだから、おぼえておこうね。

お店は洋服の仕入れ先に、
商品代の3000円と、
消費税10%分の
300円を払う

消費者はお店に
商品代の5000円と
消費税10%分の
500円を払う

⇒お店は、消費税の受けとり500円―消費税の支払い300円＝差し引き200円を消費税として国におさめる。

公債

　国や地方公共団体の借金のこと。国の借金は国債、地方公共団体の借金は地方債というよ。

　国や地方公共団体は、ほんとうなら税金の収入だけで経費のやりくりをしなければいけないけれど、お金が足りなくなることがある。そんなとき、「債券」（借金しているという証明書みたいなもの）を発行してお金を集めるんだ。借りたお金は、将来的には税金を使って返さないといけないよ。

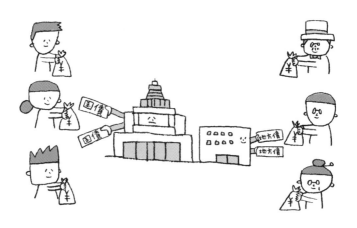

　日本では国の借金がふえつづけており、財務省によると2023年末における国の借金の残高は1286兆円（国債と借入金、政府短期証券を合計）と、過去最大を更新した。国民1人当たり、1037万円もの借金を背負っていることになるんだ。

所得の再分配

　国民の所得の差をならすしくみのこと。

　自由市場経済は競争でなりたっているので、かならず所得の差はできる。

　　所得が高い人　　　低い人

　この差をならすために、政府はさまざまなしくみをつくって、所得が高い人から低い人へ、お金が流れるようにしているんだ。

例1　累進課税制度
　129ページで説明したように、所得が多い人ほど税率を高くして、税金の額だけでなく、税金の負担割合も高くするしくみ（累進課税制度）がある。

例2　社会保障制度
　失業者など、生活に困っている人に、税金から給付金を支払うしくみがある。

● 非正規雇用

　所得の差が生まれる原因として問題になっているのが、非正規雇用。非正規雇用というのは、会社員の中で、「正規」ではない雇われ方をしている、アルバイト、パート、派遣社員といった人たちのことだ。非正規雇用だと、必要がなくなれば会社をやめさせられたり、社会保険やお休みなどの待遇も悪かったりすることがある。

　大学や高校を出たあと、正社員の仕事が見つからずに、アルバイトなどの非正規雇用で働く人たちもふえている。給料が安いから、生活は苦しく、親から独立したり、結婚したりすることがなかなかできないんだ。正社員と同じようにフルタイムで働いても貧困から抜けだせないこうした人たちのことをワーキングプアというよ。「ワーキング（働いている）」なのに、「プア（貧乏）」という意味なんだ。

134

経済力の差は、子どもの教育の差につながって、それがそのまま、職業や社会的地位の差まで生んでいく。こうした格差が問題になっている社会を、格差社会というよ。

教育にお金を使う

高い学歴をえる

高い収入をえる

第4章

国際経済学

外国為替

外国為替

　日本とアメリカでは、使っているお金の単位（通貨の単位）が違うよね。日本では円、アメリカではドルだ。このように異なる2つの国のあいだで通貨を交換することを外国為替というんだ（略して、為替ということも多い）。

　たとえば、アメリカに旅行にいって、ハンバーガーを買おうとしたとしよう。1000円札を出しても、お店の人は困っちゃうよね。アメリカにいったら、アメリカの通貨であるドルに交換してもらわないと、お金を使えない。

外国為替相場（レート）

　異なる通貨を交換するとき、どんな比率で交換するかが重要だ。交換するときの比率を外国為替相場というよ。

変動相場制

　外国為替で、それぞれの国の通貨の交換比率が市場の状況によって変わっていく相場を変動相場制という。

　市場というのは、売りたいという人（供給）と買いたいという人（需要）のどちらが多いかで価格が決まるしくみだったよね。売りたいという人が買いたいという人より多ければ価格は下がるし、逆に買いたいという人が多ければ、高くてもほしいのだから、価格は上がっていく。

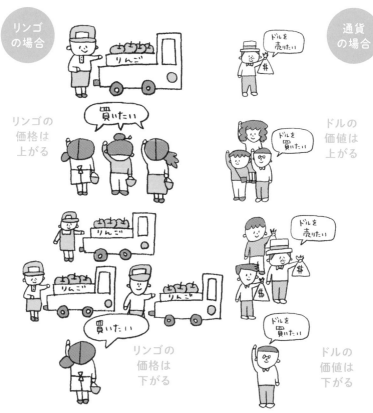

140

通貨も同じなんだ。日本の自動車メーカーが自動車をたくさんアメリカに売って、自動車の代金をアメリカの通貨（ドル）でうけとったとしよう。この代金をもとに日本の従業員にお給料を支払おうとすると、日本の通貨（円）にかえなくてはならないよね。そうするとドルを売って、円を買うという取引がおこなわれるんだ。

〔日本からアメリカへの自動車の輸出がふえた場合〕

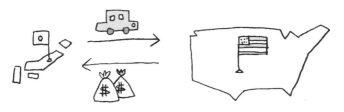

日本　自動車の代金のドルのうけとりがふえる

代金のドルを
円に交換する量がふえる
（ドルを売って、円を買う）

交換した円で、
従業員に給料を支払う

　自動車だけでなく全体の取引を見て、ドルを売りたいという人が多ければ、ドルの価値は下がっていくし（ドル安という）、円の価値は上がるんだ（円高）。

固定相場制

通貨の交換比率が常に動いている変動相場制と違って、交換比率を固定してしまうやり方を固定相場制という。

第二次世界大戦後のブレトン＝ウッズ体制（アメリカのブレトン・ウッズという場所でひらかれた会議で決まった体制）では、ドルが安定した通貨であったことから、ドルを基軸として固定相場制がとられていた。たとえば日本の円の場合、1ドルは360円とされていた。その後、ドルの価値の低下が止まらず、1971年のニクソン・ショック*をきっかけにドルの価値が切りさげられて、1ドルが308円で交換されるようになった。その後もドルに対する信用が回復しなかったため、1973年以降は変動相場制になったんだ。

【10ドルのお菓子を買おうとした場合】

1ドル＝360円
の固定相場制

今日
1ドル＝360円

お菓子屋

次の日
1ドル＝360円

お菓子屋

変動
相場制

今日
1ドル=100円

次の日
1ドル=120円

＊ニクソン・ショック：1971年にアメリカ大統領ニクソンが
金とドルの交換停止を発表し、大きな方針転換をしたこと。

　為替相場はどういった要因によって動くのだろう？　いろいろな考え方があるので紹介するね。

①　購買力平価説

　　自国の通貨と外国通貨の購買力の比率、つまり財やサービスの価格の比較で為替相場が決まるという考え方。

　アメリカと日本で同じハンバーガーを売っていて、アメリカで1ドル、日本では120円であったとしたら、1ドル＝120円になると考える。

② 国際収支説

　為替相場は国際収支（154ページ）で決まるという考え方。たとえば日本の国際収支の中の貿易収支（156ページ）が黒字になると、日本がうけとった外貨（たとえばドル）を円にかえるため、外貨（ドル）を売って円を買う。つまり為替相場は円高ドル安に動くんだ。

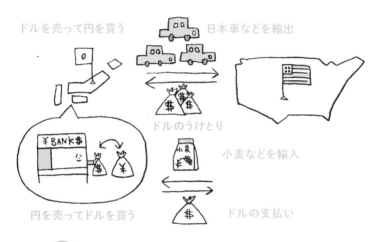

ドルを売って円を買う　　日本車などを輸出
ドルのうけとり
小麦などを輸入
円を売ってドルを買う　　ドルの支払い

　たとえば、輸出額全体　＞　輸入額全体　だったとしよう。
⇒貿易黒字（くわしくは157ページ）
⇒ドルのうけとりが多い
　ドルを売って円を買う　＞　円を売ってドルを買う
⇒円の需要がふえるために、円が高くなってドルが安くなる。
　逆に貿易収支が赤字になると、日本は外国（アメリカ）に外貨（ドル）を支払うことになるため、円を売って外貨（ドル）が買われ、為替相場は円安ドル高に動くんだ。

③ その国の金利

　金利も為替相場に影響するよ。つまりお金を運用する際、金利の高い国に流れていくっていうこと。

　たとえば日本よりもアメリカの金利が高い場合、人々は日本（円）の資産をへらして、アメリカ（ドル）の資産をふやそうとする。そのため、円を売ってドルを買う動きが出てくるので、為替は円安ドル高となる。

金利が低い　　　　　　　　　　　　　　　　金利が高い

④ 政府・中央銀行の為替介入

　自分の国の通貨の為替相場を安定させるために、政府や中央銀行が通貨を売買することがある。日本の場合だと財務大臣の指示にもとづいて日本銀行が売買をおこなうよ。

たとえば、急にドルに対して円が高くなり、輸出している企業が困るといった場合、円を売ってドルを買ったりするんだ。

円高で商品が売れにくくなる

円を安くしようとする

⑤　有事（戦争やテロなど）

　　戦争やテロなどがおこったりすると、それがおこった国や地域のお金を持っていたいとは思わないよね。かわりに安全な国や強い国のお金を持っているのが安心だと、みんな思うはずだ。こういうときは、ドル（アメリカ）が買われることが多い。つまりドル高になりやすいんだ。

円高

ドルやユーロなど、ほかの国の通貨に対して、円の価値が高い状態のこと。

たとえば、たろう君はアメリカ旅行にいくのに100ドルが必要になり、円をドルにかえた。

為替相場1ドル＝120円

次の日、追加で100ドル手に入れようと、銀行にいった。

為替相場1ドル＝100円

つまり、前の日にくらべて、100ドルを手に入れるために必要な円が少なくてすんだ。つまり、円の価値が上がった。これが円高（ドル安）なんだ。

円高になると、どんなよいこと・悪いことがあるだろう？

> ## よいこと
> 海外から日本に輸入される財やサービスが安く買える

1コ1ドルのオレンジを100コ買うときに必要なお金(円)は?

1ドル=120円だと
1万2千円の支払い

円高になると →

1ドル=100円だと
1万円の支払い

> ## 悪いこと
> 日本から海外に輸出している
> 財やサービスの円での手どりがへる

車を1台1万ドルで売っていたときの円での手どりは?

1ドル=120円だと
120万円の収入

円高になると →

1ドル=100円だと
100万円の収入

円安

円高と反対で、ドルやユーロなどほかの国の通貨に対して、円の価値が低い状態のこと。

たとえば、たろう君はアメリカに旅行にいくのに、1万円分の円をドルにかえた。

為替相場が1ドル＝100円

次の日、追加で1万円を持って銀行にいった。

為替相場が1ドル＝120円

つまり、前の日と同じ金額の1万円を持っていっても、1ドル＝100円から120円になったため、手に入れることのできるドルは83ドルと少なくなった。つまり、円の価値が下がった。これが円安（ドル高）なんだ。

円安になると、どんなよいこと・悪いことがあるだろう？

日本から海外に輸出している財やサービスの
円での手どりがふえる

車を1台1万ドルで売っていたときの円での手どりは?

1ドル=100円だと
100万円の収入

→
円安になると

1ドル=120円だと
120万円の収入

海外から日本に輸入される財やサービスの価格が高くなる

1コ1ドルのオレンジを100コ買うときに必要なお金(円)は?

1ドル=100円だと
1万円の支払い

→
円安になると

1ドル=120円だと
1万2千円の支払い

貿易

貿易

　国同士で、財やサービスを売ったり（輸出したり）買ったり（輸入したり）することを貿易というよ。

　たとえば……

農業はさかんだけれど
石油はとれない

石油は豊富だけれど、雨が
少ないので農業ができない

B国はA国から小麦を輸入し、石油を輸出した

輸入品

ほかの国から買った財やサービスのこと

輸出品

ほかの国に売る財やサービスのこと

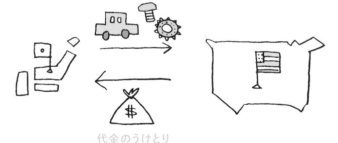

国際収支

　かんたんにいうと、海外との経済取引にかかわる収支を全部まとめたもの。

　経常収支に、「金融収支」「資本移転等収支」（くわしくは、161ページを見よう）などをあわせたものを国際収支というよ。

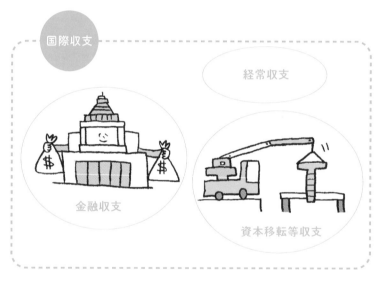

国際収支

経常収支

金融収支

資本移転等収支

経常収支

　次のページで説明する「貿易収支」のほか、「サービス収支」「第一次所得収支」「第二次所得収支」の4つを合計したものを経常収支というよ。外国との取引に関する収支で、国の家計簿みたいなものだ。

経常収支

貿易収支

第一次所得収支

サービス収支

第二次所得収支

貿易収支

　ある国が一定の期間に輸入した財の金額と輸出した財の金額の差のこと（サービスは含まれない）。

　輸入した金額のほうが多ければ、貿易赤字になる。

輸入額　>　輸出額　　貿易赤字

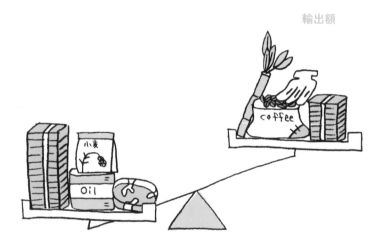

輸出額

輸入額

反対に、輸出した金額のほうが多ければ、貿易黒字になる。

輸入額　＜　輸出額　　貿易黒字

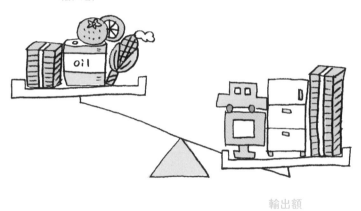

輸入額

輸出額

　サービス収支はサービスの取引にかかわる収支。たとえば、日本を訪れる外国人旅行者が多いというニュースをよく目にするけれど、サービス収支には、こうした外国人旅行者の宿泊や飲食にともなってうけとった代金などが含まれるよ。

輸出した
サービス

輸入した
サービス

旅行や金融サービス、
著作権使用料など

第一次所得収支

　第一次所得収支は海外に金融債権や債務を持っていることによって利子や配当金等をうけとったり、支払ったりしたお金の差し引きの収支のこと。たとえば、日本の会社がアメリカの会社の株式を持っていて、そのアメリカの会社から配当金をもらうと、ここの収支はプラスになるよ。

日本の会社が
アメリカからうけとった利子や配当金

－（引く）

日本の会社が
アメリカへ払った利子や配当金

＝　第一次所得収支

第二次所得収支

　第二次所得収支には、海外とのやりとりの中で、対価をもらわないで資産を提供した場合の収支が入るんだ。

　たとえば、経済的に困っている国に資金や食糧の援助をしたり、海外の困っている人たちに寄付をしたり、といったお金の収支がここに入るよ。

金融収支

　金融収支とは、海外に工場を建てるなど直接投資をおこなったり、外国の株式や債券を買うなどの証券投資をおこなったりした場合に生じる収支。こうした海外の資産がふえると、金融収支はプラスになる。

　さらにつけくわえると、海外で持っている株式や債券がふえれば、配当金や利子のうけとりもふえるので、第一次所得収支もプラスになるよね。

　金融収支には、外貨準備の増減も含まれているんだ。外貨準備ということばはニュースなどでもよく見るよね。外貨準備というのは、政府や中央銀行が持っている金や外貨のこと。日本では、財務省と日本銀行が持っている金や外貨のことだ。たとえば、外国為替市場で急激に円高に進んで、これに歯止めをかけようと、日本銀行が円を売ってドルを買うという介入をおこなったとしよう。そうすると、持っているドル——つまり外貨は増加するんだ。

資本移転等収支

　資本移転等収支とは、対価をうけとっていないのに、固定資産を提供したり、債務を免除したりしたことなどの収支をいうよ。

　対価をもらわないで資産を提供するという点では、第二次所得収支と同じだね。ただ、同じように対価をともなわないで援助する場合でも、ダムや道路、鉄道建設など「固定資本」といわれるものを提供する場合は資本移転等収支に入るんだよ。

関税

輸入する財にかけられる税金のこと。

関税はもともと、国境を通過させる手続き料としてはじまったものだけれど、だんだん、自分の国の産業を守るためという意味あいがくわわってきた。政府が、安い海外の輸入品から自分の国の産業を守るためにかける関税を、とくに保護関税というよ。

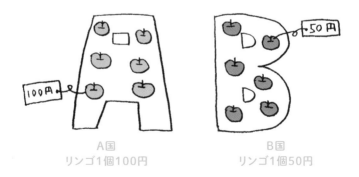

A国
リンゴ1個100円

B国
リンゴ1個50円

A国の会社がB国のリンゴを輸入して売った

こうなると、A国の農家がリンゴの生産を続けられなくなる。
そこで、A国の政府は、B国のリンゴに60円の関税をかけた

→関税がかけられたことで、B国の輸入リンゴはA国のリンゴの
　価格よりも高くなり、A国のリンゴが今まで通り売れる

⇒A国のリンゴ農家は生産を続けられる

保護貿易

　国同士の貿易に国家が介入して、制限をくわえること。海外と貿易をする際に国が介入して、企業同士などで自由に貿易できないように制限することをいうんだ。

　たとえば、自国の産業を守るために、輸入品に重い関税をかけたり（前のページを見てね）、輸入する量を制限したりすることがあるよ。

164

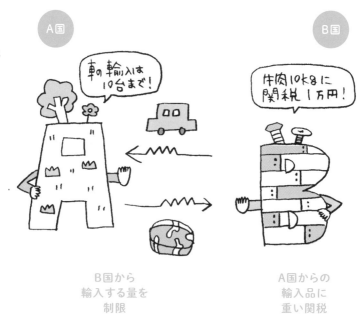

B国から
輸入する量を
制限

A国からの
輸入品に
重い関税

自由貿易

　貿易をする際に、国が関税をかけたりするような制限がないことをいう。海外と自由に財やサービスを行き来させることができるんだ。

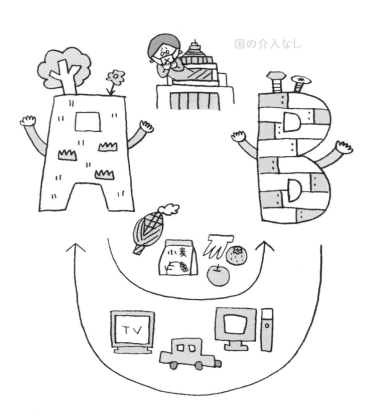

国の介入なし

国際分業

それぞれの国が、それぞれ得意な分野の財を生産して輸出し、そのほかの財はほかの国から輸入すること。分業を世界レベルでするってことだよ。

A国は車づくりが得意
でも、車の原材料が自国では手に入らない

B国　　　　　　　　　　　　　C国

B国とC国は原材料はあるけれど、車をつくる技術がない

A国はB国とC国から鉄とゴムを輸入して、車をつくる

B国とC国は、A国から車を輸入する

　こんなふうに、それぞれの国が自分たちの得意なことをして、輸出・輸入しあうことで、生産の効率がよくなるんだ。

第5章

経済の歴史

● アダム・スミス （1723〜1790 年）

　イギリスの経済学者。『国富論』（1776年）という本とその本の中でとなえた「神の見えざる手」ということばが有名だ。

　アダム・スミスははじめて資本主義社会のしくみを理論的に分析したので、「近代経済学の父」とよばれているよ。

「神の見えざる手」って？

　自由市場経済は、需要と供給でなりたっており、買いたいという人がいっぱいいる（需要が多い）と価格は上がり、その逆だと価格が下がる。また、売りたいという人がいっぱいいる（供給が多い）と価格は下がり、その逆だと価格は上がる。このように、それぞれの人たちが勝手に動いても、国がなにもしなくても、まるで神さまが見えないところで調節してくれているみたいに、市場や経済はうまく調整される。これが「神の見えざる手」だよ。

2つの八百屋が同じトマトを違う値段で売っていたら、お客さんは安いほうの八百屋でトマトを買うので、高いほうの八百屋は値段を下げざるをえなくなる

同じような製品をつくっている2つの工場で賃金の差が大きいと、高い賃金の工場は従業員を獲得できるけれど、低い賃金の工場は獲得できない。そこで賃金を上げざるをえなくなる

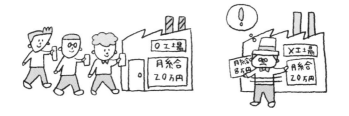

　こんなふうに、経済は政府や国が介入しなくても、自然にまわっていくとアダム・スミスは考えた。だから、政府は市場に介入しないほうがよいと考えたんだ。

　このように、市場に介入しないで自由にしておくことを、「レッセ・フェール」という。フランス語で「なすがままにさせよ」という意味で、自由放任主義ともいわれるよ。アダム・スミスが著書『国富論』で述べていることで有名だよ。

● カール・マルクス （1818〜1883年）

ドイツの経済学者・哲学者。

フリードリヒ・エンゲルスという実業家といっしょに『共産党宣言』(1848年) を執筆。有名な『資本論』(1867年) は、第1巻をマルクスが、第2巻、3巻をエンゲルスが完成させた。

「社会主義の父」とよばれているよ。

マルクスがとなえた社会主義って？

マルクスが生きていた時代のヨーロッパでは、労働環境がとても悪く、労働者は低賃金と長時間労働に苦しんでいた。

それを見たマルクスは、こう考えた……

資本家　　　　　　　　　　　　労働者

　資本主義社会では、資本家＊はどんどんもうけて富をふやしていき、労働者はどんどん貧しくなり、格差が広がっていく。

＊資本家……生産手段を持っていて、労働者を雇って事業をいとなんでいる人

　どうしてそんなことがおこるのだろう？
　マルクスが考えた理由は——

商品の価値は、労働によって決まる＝働くことによって、
財やサービスが生まれ、それが富となる
⇒これを「労働価値説」というよ

資本家はもうけをふやすために、
労働者を長時間働かせるようになる

でも、労働時間を長くするには限界があるため、
機械などを入れて生産性をあげ、
それによって労働者のとり分をへらして、もっともうけようとする

⇒こうして資本主義社会では、資本家はより巨大化し、労働者はより貧しくなり、格差が広がっていくと、マルクスは考えたんだ。

だから……

> この貧富の差をなくすためには、労働者が立ちあがって革命をおこし、生産手段を資本家からとりあげて、すべて労働者のものにするべきだ！

　これが、社会主義という考え方なんだ。

　のちに、この考えにもとづいて、レーニンという人がソビエト社会主義共和国連邦をつくった。中華人民共和国やキューバなどでも社会主義にもとづいた経済政策がとられた。でも、競争のない計画経済はうまくいかなかったんだ。

世界恐慌

　世界恐慌とは、世界中をまきこんだ大きな経済的な不況のこと。ただ世界恐慌というと、普通はアメリカで株式の価格が急に下がったことをきっかけに、1929年から1933年にかけて世界中でおきた不況のことをさすんだ。

世界恐慌はこうしておこった！

1914年からはじまった第1次世界大戦で、アメリカは武器や軍事物資を主戦場であったヨーロッパに輸出して、大もうけした。戦後になると、荒廃したヨーロッパにとってかわり、アメリカが世界経済の中心となった

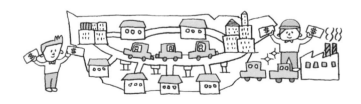

そのおかげで、アメリカの国内では、工業——とくに自動車産業がさかんになった。道路も整備されて住宅地が広がり、経済がどんどん発展していった

世界経済の中心となったアメリカに、国内だけでなく、海外から
の投資もふえた

ところが、ヨーロッパが元気をとりもどし、産業がたてなおされる
と、アメリカにきていた注文がへった。また、当時、アメリカは自国
の産業を守るために、海外からの輸入品に高い関税をかけてい
たので、ほかの国もアメリカからの輸入品に高い関税をかけるよ
うになった

　　　⇒アメリカの輸出はへり、産業が打撃をうける

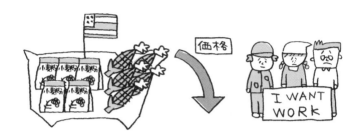

貿易がふるわなくなったため、それまでつくっていた生産物があまるようになり、さまざまな財の価格が下がった。仕事がへったので、失業者もふえた

投資家たちは、自分がもっている株式の価格が落ちて損をするのをおそれ、大量の株式をいっきに売ろうとした

その結果、1929年10月24日（木）*に株価が大暴落。それにとも
なって、たくさんの企業が倒産して、大量の失業者が出ることに
なった
＊その日が木曜日だったので、「暗黒の木曜日」とよばれているよ

そして……

アメリカの株価の大暴落の影響をうけて、世界中の国に、不況が
伝染していった！

　その後、アメリカでは、1933年に大統領になったF・ルー
ズベルトが「ニューディール政策」をかかげ、公共事業を立
ちあげるなど、政府が積極的に経済に介入し、雇用を生みだ
して国内の購買力を高める政策をとった。

● ジョン・メイナード・ケインズ（1883〜1946年）

イギリスの経済学者。1929年にはじまった世界恐慌を体験したケインズは、代表的な著書である『雇用・利子および貨幣の一般理論』（1936年）を出版。不況と失業の原因をさぐり、それを克服するための理論をしめした。のちにケインズ革命とよばれるほど、近代経済学に変革をもたらしたことで有名。こうした理論をもとに、自由放任主義にかわって、政府が経済に積極的に介入することも主張したんだ。

ケインズが考えたこととは――

1929年のアメリカではじまった世界恐慌で失業者がいっきにふえた。働きたくても、働く場所がない

経済が不安定な状況では、それを打開するために、政府が有効需要をつくり出して、雇用を生み出すべきだと、ケイン

ズは考えた。有効需要とは、財・サービスをほしいという気持ちにくわえて、それらを買えるお金を持っていて、じっさいにお金を支払った支出のことだよ。

この有効需要をつくるために、政府が高速道路をつくると決めたとしたなら……

道路をつくる建設会社は　　道路をつくったりするために、　消費が
仕事が忙しくなり、　　　　従業員（雇用）をふやす　　　ふえる…
もうかるようになった

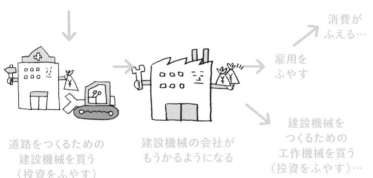

道路をつくるための　　　建設機械の会社が　　　　　消費が
建設機械を買う　　　　　もうかるようになる　　　　ふえる…
（投資をふやす）

雇用を
ふやす

建設機械を
つくるための
工作機械を買う
（投資をふやす）…

さらに、仕事がふえた建設会社は、もうけたお金で機械などを買い、それによってもうかった機械会社は社員の給料をふやし……。

このようにめぐりめぐって、経済活動が活発になっていくと考えたんだ。

オイルショック

　1973年の第1次オイルショックと1978年の第2次オイルショックの2回のことをさす。石油の生産量がへって、価格が上がったことによって、世界の経済が混乱したんだ。なにしろ石油は電気をつくったりする燃料であるだけでなく、プラスチックや繊維など、身近なものの原料だからね。

①　第1次オイルショックは、1973年の第4次中東戦争をきっかけにアラブ産油国（石油を生産している国）が石油を減産し、大幅な値上げをしたことによっておこったんだ。石油をたくさん買っている先進国を中心に、経済に大きな混乱が生じたんだよ。

日本では石油が値上がりして
トイレットペーパーをつくることが
できなくなるというデマがとんだ。
みんながトイレットペーパーを買いしめて
たいへんな騒ぎになったよ

② 第2次オイルショックは1978年、イランで革命＊がお
こって、石油の生産量がへったため、価格が大幅に上がっ
たんだ。それでまた、世界的な不況がおきた。

ただ、日本は第1次オイルショックでの経験を生かして、
省エネルギー政策や企業の合理化などを進めていたため、
第1次オイルショックのときのような混乱にはならなかっ
たんだよ。

石油の供給がへった！

＊イラン革命（1978～79年）……イランのパフラビー朝
　が倒れて、イスラム聖職者を中心にした共和制がしかれた
　革命。

バブル経済とその崩壊

　バブルとは、通常、日本で1980年代後半におこった好景気のことをさすよ。土地や株式の価格が、その評価の基礎である経済成長率をはるかにこえて上がりつづけた。ようするに、経済実態をうわまわる形で土地や株式の価格が上がってしまった。その後、バブル経済が崩壊したんだ。どうしてそんなことがおきたのか、流れを見ておこう。

①　1980年代の前半、日本の経済発展によって、安くて質がいい日本製の車や工業製品がアメリカへたくさん輸出された。

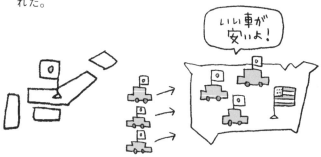

②　すると、アメリカの製品が売れなくなった。

③　アメリカ・フランス・西ドイツ・イギリス・日本の話し
あいで、為替相場の安定に関する合意がなされ（1985年
プラザ合意）、円高ドル安が進んだ。すると、アメリカに
日本が輸出する場合、ドルでうけとった代金を円にかえた
ときの手どりがへることとなった。

プラザ合意

　それだけでなく、円高ドル安によって、円ベースの価格は
変わらなくてもドルに換算すると価格が上がるため、海外で
は日本製品が売れにくくなった。こうして日本の輸出企業は
大打撃をうけた。

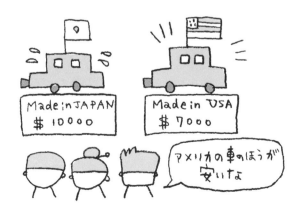

④ この不況を乗りこえるため、日銀は金利を下げるという金融緩和をおこなった。金利が下がったため、企業や個人はお金を借りやすくなった。

⑤ 金利が下がったので、銀行からお金を借りて、企業は設備投資をしたり、個人は家を買ったりするだけでなく、お金を借りて土地を買い、それを担保にお金を借りてまた土地を買うといった動きが広がっていった。土地だけにとどまらず、お金は株式市場にも流れこみ、株価も実態をはなれてどんどん上がっていった。

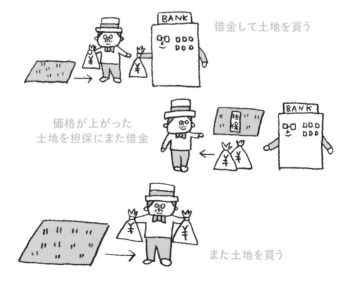

⑥ 土地や株価があまりに高くなったので、景気の過熱をおさえようと、日本政府は金融を引きしめることにした。金利を引きあげただけでなく、不動産の売買のためにお金を貸すことを規制したため、土地や株価は下がっていった。

⑦ 土地や株式の価格が大幅に下落したことで、土地や株式を買いこんでいた企業や個人は大きな損失をうけた。

　また、土地を担保にしてお金を借りていたのに、担保価値が下がってしまったために、金融機関から返済をせまられても、返せない状況になったんだ。貸していた金融機関にとっては、貸したお金が返してもらえないという不良債権問題に苦しむこととなった。

リーマン・ショック

　2008年9月にアメリカのリーマン・ブラザーズという投資銀行が経営破たんしたのをきっかけに、世界中で株価の暴落がおこった。これを引き金としておきた金融危機と世界同時不況のことをリーマン・ショックというよ。

　リーマン・ショックの原因は「サブプライムローン」という所得が低い人たち向けの住宅ローンだ。いったいどうして、住宅ローンが世界不況を引きおこしてしまったんだろう？

①　サブプライムローンというのは、一般の金融機関では
　　ローンが組めない低所得者向けのローンで、低所得者でも
　　自分の家がもてるという魅力的なものだった。

② そのローンが人気になって、アメリカではどんどん家が
　売れるようになった。結果、住宅の値段が上がり、これか
　らも住宅の値段は上がりつづけるだろうと、多くの人がさ
　らに家を建てた。

　でも、サブプライムローンは最初の数年間は低めの金利に
しておいて借りやすくしているけれど、その後、金利が上がっ
て、返済額がふえるしくみになっていた。ただ、住宅価格が
上がっていれば、担保としての価値も上昇するので、金利が
上がる前に、より低金利で有利なローンに借りかえることが
できたんだ。

　ところが住宅の建設をしすぎて、住宅価格の上昇に歯止め
がかかり、やがて下落するようになると、低金利のローンへ
の借りかえができなくなり、ローンを返せなくなった。

③ ローンが返せなくなると、貸し手である金融機関は住宅をさしおさえたんだ。

④ 金融機関はさしおさえた住宅を売却したけれど、住宅価格が下落していたから、ローンを回収しきれなかった。

それだけでなく、サブプライムローンは証券化され、外国の投資家もその証券を持っていたためにアメリカの住宅バブルの崩壊は、世界中の金融機関を巻きこんでいったんだ。

　そしてついに、リーマン・ブラザーズが破たん。リーマン・ブラザーズは当時、アメリカで第4位の投資銀行だった。そんな大きな投資銀行が倒産したことで金融不安が高まり、ニューヨーク株式市場は大暴落した。その影響で、世界中の株式市場で株価は急落していったんだ。

コロナショック

　新型コロナウイルス（COVID-19）の感染拡大による経済危機のことをコロナショックというよ。2019年に最初の症例が中国で確認され、2020年に感染が全世界に拡大したんだ。その結果、全世界で経済が低迷するという戦後最悪の経済危機となった。

①　人から人に感染するため、人との接触を避けるという予防策がとられ、誰かと会ってお話ししたり、外出したりすることが難しくなった。

② 人の動きが制限されると、工場で働いたり、モノを運んだりすることがやりにくくなるよね。生産や物流が滞ってモノが不足するという供給面（48ページ）での影響が出たんだ。

外出が制限されたことで、食品や日用品の「生産」や、生産したモノを店に運ぶ「流通」ができなくなったよ

スーパーやドラッグストアで、一部の食品やマスク、消毒液などが売り切れになったよ。生産と流通ができなくなったことで店に商品がとどかず、人々がモノを買えなくなってしまったんだ

人の動きが制限されたことで、経済的にも大きな影響が出たんだ。

③ 需要面（48ページ）への影響も大きかった。外出が制限されると、旅行やレストランに行くこともできない。だから、観光や宿泊、外食といった人を相手にしたサービスの需要はとりわけ急激な減少となったんだ。

④ コロナショックは、供給と需要（50ページ）の両面が作用したという点で、産油国による石油の供給制限が招いたオイルショックや、金融システムの動揺から需要低迷を招いたリーマン・ショックのような過去の経済危機とは全く異なる経済ショックだったといえる。

● オイルショック…供給に原因がある

石油の供給が制限されたことで、世界中が混乱した

● リーマン・ショック…需要に原因がある

アメリカで家のローン（196ページ）を返せなくなった人たちが、
家を売ってしまった

金融システムの動揺につながり、需要が低迷することになったよ

● コロナショック…供給と需要の両方に原因がある

供給

工場での生産、流通ができなくなり、商品の供給がへったよ

需要

外出制限で外食や旅行ができなくなり、需要がへったよ

● 住宅ローン

　銀行など金融機関はお金を貸すという業務をおこなっているけれど、その中で住宅を買うことに限定して、お金を貸すものを住宅ローンというんだ。

　家を買う——とても大きな金額の買い物だね。ぽんっと現金で買えたらいいけれど、なかなかそんなお金持ちはいない。たいていの人は、銀行などからお金を借りて、10年とか20年とかそれ以上の期間をかけて、少しずつ借りたお金を返していくよ。

住宅ローンでお金を借りるとき、銀行は、そのローンで買った住宅（土地や家）を担保にする。担保っていうのは、借金した人が、将来もしもお金を返せなくなったときに、お金の代わりに銀行にさしだすモノのこと。

　もしきみが、住宅を担保として銀行にさし入れ、住宅ローンを組んだのに、とちゅうで銀行にお金が返せなくなったとしよう。そうすると、銀行は貸したお金を返してもらえないので、担保としてさし入れられていた、きみが買った家をさしおさえ、それを売ることによって、貸したお金を回収するんだ。

さくいん

た

な

は

ま

著者
花岡幸子（Sachiko Hanaoka）

大和証券グループ本社取締役。
東京大学経済学部卒業。大和証券入社。大和総研企
業調査部、大和証券投資情報部、商品企画部などを経
て、現在に至る。『経営分析ハンドブック』（かんき
出版）『最新版アメリカの高校生が学ぶ経済学』（共
訳）『経済用語図鑑 新版』（以上、WAVE出版）など
著書多数。

イラスト
matsu（マツモト ナオコ）

イラストレーター
2006年より活動を開始。
書籍、雑誌などを中心に活動中。
イラストレーションの主な作品に
『世界一やさしい問題解決の授業』（ダイヤモンド社）
『捨てられる食べものたち』（旬報社）等がある。
著書に『会社の教科書』（フォレスト出版）がある。
ホームページアドレス　https://r.goope.jp/matsu
Instagram(illust)
https://www.instagram.com/matsu_illustration/

13歳からの
経済のしくみ・ことば図鑑　新版

本書は、2018年2月に当社から発行された『13歳からの経済の
しくみ・ことば図鑑』の内容を一部加筆・修正したものです。

2024 年 6 月 12 日　第 1 版第 1 刷発行

著者	花岡幸子
イラスト	matsu（マツモトナオコ）
装丁デザイン	鳴田小夜子（KOGUMA OFFICE）
本文デザイン	坂川事務所
DTP	NOAH
校正	WAVE 出版編集部

発行所　**WAVE出版**
　　　　〒102-0074 東京都千代田区九段南 3-9-12
　　　　TEL 03-3261-3713
　　　　FAX 03-3261-3823
　　　　振替 00100-7-366376
　　　　E-mail: info@wave-publishers.co.jp
　　　　https://www.wave-publishers.co.jp

印刷・製本　シナノ パブリッシング プレス

Text © Sachiko Hanaoka 2024
Illustration © Naoko Matsumoto 2024, Printed in Japan
NDC330　203　19cm　ISBN978-4-86621-484-9